Compétitivité AAA

Éditions d'Organisation
Groupe Eyrolles
61, bd Saint-Germain
75240 Paris Cedex 05

www.editions-organisation.com
www.editions-eyrolles.com

Syntec conseil en management

Compétitivité AAA

Propositions pour un nouveau pacte France-Entreprises

Table des matières

PARTIE 1

Les clés de la compétitivité

PARTIE 2

Emploi, croissance : des pistes pour un nouvel élan

PARTIE 3

Investir dans les hommes et la connaissance
pour la compétitivité de demain

Remerciements

Peut-on être compétiteurs au jour le jour et construire un projet ensemble pour le bien commun ? C'est le défi que la nouvelle équipe Syntec conseil en management s'est donné : parler de l'Entreprise, la rapprocher de la France en associant plus de cent personnes des mondes économique et social.

Je tenais à remercier l'ensemble des adhérents ayant participé activement à ce projet, en particulier Olivier Marchal qui a entraîné toute l'équipe projet, Valérie Ader, Marie-Ange Andrieux, Mariane Flamary, Christian Chattey et David Ifrah.

Un livre collectif est aussi l'effort particulier de quelques-uns sans qui rien n'aboutit : Philippe Escaffre, qui a dressé les repères analytiques très pédagogiques de ce livre, et Éric Dumoulin qui nous a prêté sa plume et sa patience, dans un climat amical et riche en « confrontations » positives : un grand bravo à tous les deux.

Nous dédions ce livre aux entrepreneurs et dirigeants qui ont bien voulu nous consacrer un peu de leur temps et avec qui nous vivons au quotidien des aventures professionnelles formidables.

Je tenais finalement à remercier tous les hommes et femmes libres qui ont alimenté ce livre.

Hervé Baculard, Président de Syntec conseil en management

Merci

… *à* Patrick Alexandre (SERVAIR), Edward Arkwright (CAISSE DES DÉPÔTS ET CONSIGNATIONS),

Jacques Attali, David Azema (SNCF), Jean Azéma (GROU-PAMA), Nicolas BAVEREZ, François Bertreau (NOR-BERT DENTRESSANGLE), Jean-Paul Betbèze, (CRÉDIT AGRICOLE, membre du Conseil d'analyse économique auprès du Premier ministre), Laurent Bigorgne (INSTITUT MONTAIGNE), Laurent Blanchard (CISCO), Joël Blondel (DIRECCTE IDF), Christian de Boissieu, Bruno Bouhlol (OCDE), Benjamin Castaldo (GROUPE PARTOUCHE), Pierre-François Catté (CPI), Georges Chaudron de Courcelles, Vincent Chriqui (CEN-TRE D'ANALYSE STRATÉGIQUE), Thierry Coudurier (CONSOLIS), Laurence Danon (MEDEF), Philippe Dar-mayan (DISTRIBUTION SOLUTIONS ARCELOR MITTAL), Bertrand Delmas (ORANGINA SCHWEP-PES SUNTORY), Hervé Denize (NEXITY), Olivier Duha (WEBHELP, Président de CROISSANCE PLUS), Pierre Enderlé (STVA), Pierre Gattaz (RADIALL), Yvon Gattaz (ASMEP-ETI, président de l'association Jeunesse & Entreprise), Françoise Geng (CGT, présidente de la section du travail et de l'emploi au Conseil économique social et environnemental), Michel Gigou (MOVÉO), Nadia Gortzounian (LABORATOIRE MSD), Catherine Gras (DGCIS), Antoine Jouin (CONTINENTAL FRANCE), Martine Liautaud (LIAUTAUD & Cie, présidente fonda-trice de *Women in Business Mentoring Initiative*), Bruno Lacroix (ALDES, président CESE Rhône-Alpes), Cathe-rine Leblanc (ESSCA), Jean Lemierre (BNPPARIBAS), Jean-François Lequoy (FFSA), Philippe Luscan (SANOFI), Philippe Marchessaux (BNP PARIBAS INVESTIMENT PARTNER), Claude Martinez (DIOR), Benedicta Marzinotto (INSTITUT BRUEGEL), Pierre Mayeur (CNAV), Pascal Morand (ESCP EUROPE), Olivier de la Morinière (FRAIKIN), François Morinière (L'ÉQUIPE), Pierre-François Mourier (CENTRE D'ANALYSE STRA-

TÉGIQUE), Hervé Navellou (L'ORÉAL FRANCE), Philippe Oddo (ODDO), Laurent Oudotte (LYOVEL), Serge Papin (SYSTÈME U), Laurence Parisot (MEDEF), Olivier Peyrat (AFNOR), Paul-Henri de La Porte du Theil (AFG), Hubert du Mesnil (RESEAU FERRE DE FRANCE), Bernard Ramanantsoa (HEC), Guillaume Sarkozy (MALAKOFF-MÉDÉRIC), Hervé Street (STAR SERVICES), Roland Trippard (SELOGER.COM), Didier Trut (IMPRIMERIE NATIONALE), Philippe Varin (PSA), Richard Viel (BOUYGUES TELECOM), François Villeroy de Galhau (BNPPARIBAS), COMMUNAUTÉ URBAINE DE LILLE, DCNS, FORCE OUVRIERE, LAFARGE, MANUTAN, VEOLIA.

… *aux* dirigeants des filiales françaises de groupes étrangers, notamment Éric Boustouller (MICROSOFT), Jean-François Condamine (UPS), Sabine Dandiguian (JANSSEN-CILAG), François Davy (ADECCO), Francis Duseux (ESSO), Jean-François Ferret (HERTZ), Serge Foucher (SONY), Jacques Guers (XEROX), Joël Karecki (PHILIPS), Robert Leblanc (AON), Guy Maugis (BOSCH), Michel Milcent (OFFICE DÉPÔT), Dominique Reiniche (COCA-COLA), Patrick Roméo (SHELL), Yves de Talhouët (HP)

… *aux* membres du Club d'entrepreneurs et dirigeants actionnaires Esprits d'Entreprises, notamment François Bieber (C2B NETAFFILIATION), Benoit Bo (TECHNICONTROL), Pierre-Antoine Grislain (NEW GREEN CONSULTING), Abdallah Hitti (HI-COMM RESULT), Éric Le Bihan (MEZZOTEL), Christian Normann (CIRQUE), Bernard Ochs (BARACODA), François Rougnon (GROUPE ROUGNON), Jean-Claude Tagger (GLOBAL BUSINESS PARTNERS), Charles Van Haecke (CVH CONSEIL), Bertrand Weisgerber (SIS), et les dirigeants d'APO PARIS et MERIM SERVICES

… *à* SYNCOST, Syndicat des Conseils Opérationnels en Optimisation des Coûts, et notamment à ALMA CONSULTING GROUP (cas « Toptech ») et à LOWENDALMASAÏ (cas « Mobile Money »)

… *et* aux sociétés adhérentes de SYNTEC conseil en management qui ont participé aux ateliers de travail et contribué à la réalisation des interviews : A2 CONSULTING, ACCENTURE, AEDIAN, ALENIUM CONSUL-TANTS, ALTIME ASSOCIATES, BAIN & COMPANY, BEARINGPOINT, BEIJAFLORE STRATÉGIE ET BUSINESS, CALIA CONSEIL, CEGOS, COLOMBUS CONSULTING, CSC, DELOITTE CONSULTING, ERNST & YOUNG ADVISORY, EUROLAND CON-SULTING, GFI CONSULTING, HOMMES ET PER-FORMANCE, IDRH, IFAS, KEA & PARTNERS, KURT SALMON, LOGICA BUSINESS CONSUL-TING, LOWENDALMASAÏ, MAGELLIS CONSUL-TANTS, MARS & CO, MEOTEC, MERLANE GROUPE, OPTANCE MANAGEMENT, ORANGE CONSULTING, OTC CONSEIL, PMP, PRICE WATER-HOUSECOOPERS, RIGHT MANAGEMENT, SDE CONSULTING, SETEC ORGANISATION, SOLU-COM, SOPRA CONSULTING, TALISKER CONSUL-TING, WEAVE MANAGEMENT

Cet ouvrage est le fruit d'une synthèse de différentes contributions dont le contenu dans sa globalité ne saurait engager chacun des contributeurs à titre individuel ou au titre de leurs organisations respectives.

Avant-propos

SYNTEC conseil en management rassemble quatre-vingt-cinq sociétés de conseil qui emploient plus de quinze mille personnes en France. Toutes s'inscrivent aux côtés d'une clientèle diversifiée : grands groupes – totalité du CAC 40, et majorité du SBF 250 –, sociétés de taille intermédiaire, institutions des secteurs public et associatif…, mais également de très nombreuses PME. Nos adhérents travaillent au quotidien dans le noyau des réacteurs de l'économie française. Ils sont également très actifs à l'international et par conséquent bien placés pour comparer ces réacteurs à ceux des concurrents. La compétitivité est au cœur de nos métiers : accompagner la performance de ces organisations, les conseiller dans leur stratégie, améliorer leur efficacité opérationnelle et/ou organisationnelle… Bref, accroître la création de valeur pour l'entreprise et ses collaborateurs. Légitimés par cette expérience et le savoir-faire accumulé, nous avons souhaité prendre la parole sur le devenir économique et social de la France. Car le monde du conseil peut et doit donc tenir toute sa place au cœur de cette réflexion comme accélérateur de la compétitivité des entreprises.

Six mois durant, nous nous sommes régulièrement réunis pour porter un diagnostic sur les freins à la compétitivité et confronter nos points de vue sur les moyens propres à l'améliorer avec en regard les comparaisons, les succès ou échecs observés en Europe. Notre objectif ? bousculer certains paradigmes, faire éclore des idées nouvelles, proposer une vision moderne du couple France/entreprise. Sans concession. Avec audace. En veillant à ne jamais sacrifier le sens des réalités sur l'autel des partis pris. Notre réflexion s'est structurée autour de quatre pistes de travail : coût du travail, flexibilité et fiscalité ; innovation, R&D et capital humain ; simplification administrative, rôle de l'État et des administrations ; culture, représentativité et gouvernance. Autant de thèmes qui embrassent à des degrés divers la complexité du sujet. Pour chacun d'entre eux, nous nous sommes attachés à répertorier les réformes et mesures qui relèvent de la compétence des pouvoirs publics. Sans éluder les questions qui appellent la remise en cause et/ou la responsabilisation des entreprises. La démarche s'est voulue itérative et équilibrée. Pas une proposition – aussi légitime soit-elle – sans contrepartie. Partage assumé des responsabilités dans les difficultés de notre économie. Prise en compte des spécificités des activités de services, des plus petites entreprises, des contraintes des pouvoirs publics…

De janvier à juin 2011, plus d'une centaine de dirigeants de sociétés et d'institutions privées ou publiques, de toutes tailles et de tous secteurs, experts de tous horizons ont également été conviés à s'exprimer sur la compétitivité française. Au fil de guides d'entretiens structurés, ces acteurs et/ou témoins quotidiens de notre économie ont alimenté et enrichi la réflexion des groupes de travail. Malgré un emploi du temps souvent surchargé, des personnalités de premier plan se sont prêtées au jeu des questions/réponses avec une grande disponibilité et un immense professionnalisme, témoignant ainsi de l'acuité du débat. Qu'elles en soient ici vivement remerciées. La somme de leurs réponses aux questions quantitatives et qualitatives posées ne saurait avoir valeur de sondage, au sens scientifique du terme. La pertinence, la force – et souvent la convergence – de leurs analyses n'en constitue pas moins un précieux matériau, dont de nombreux extraits seront repris au fil des chapitres, sous couvert d'anonymat.

Le présent ouvrage synthétise et met en perspective ces mois de réflexion et d'échanges. Pas question d'arbitrer ici entre « déclinologues » et « optimistes béats », ni de revêtir tel ou tel habit idéologique. À une époque où l'avenir soulève tant d'interrogations, nous avons simplement souhaité apporter une expertise éclairée sur l'état de notre compétitivité et dessiner à grands traits le portrait d'une France qui gagne. En un mot, prendre toute notre part à une réflexion globale et constructive sur l'avenir de notre pays au cœur d'une crise mondiale majeure et à la veille d'échéances politiques décisives.

Ce vade-mecum pour temps d'incertitudes ne prétend pas à l'exhaustivité, encore moins à une quelconque révolution conceptuelle. Ni compilation, ni thèse, son propos est de permettre à chacun — acteurs et observateurs du monde économique, social et politique, consultants ou simples citoyens – de (re)trouver des repères fondateurs et de s'approprier des idées de réformes. Il pose le débat, se veut avant tout pédagogique. Une dizaine de thématiques principales en ressortent. Certaines, qui touchent au plus près l'entreprise, ont fait l'objet de propositions très précises. Pour d'autres, des pistes d'action ont simplement été ébauchées. Elles auront vocation à être complétées et enrichies au cours des prochains mois *via* des débats, échanges, contributions, organisés sur les sites animés par SYNTEC conseil en management : *www.syntec-management.com* et *www.web-tv-management.com.*

Bonne lecture à toutes et à tous.

Introduction

Les nouvelles tensions économiques mondiales qui sévissent depuis la fin du mois de juillet 2011 annoncent un scénario de conjoncture très dégradée pour les cinq ans à venir. Au cœur de la tempête, entreprises et État voguent dans le même bateau vers cet horizon assombri. Jamais leurs destins n'ont été aussi liés. En effet, pas de France AAA sans une compétitivité AAA de ses entreprises.

L'endettement public, aggravé par la crise, va lourdement peser sur les espoirs de reprise. Tous les experts le prédisent, la voie de sortie s'avère étroite : seule une compétitivité durable contribuera efficacement au rétablissement de la croissance et à la réduction des dettes souveraines. Afin d'offrir à leurs entreprises – principale source de leur richesse – un environnement propice, les acteurs politiques, économiques et sociaux n'ont d'autre choix que d'amplifier les réformes structurelles en cours. Et d'en initier de nouvelles. Ce préalable revêt désormais un caractère d'urgence. Pour autant, ces contraintes émergentes sonnent comme une formidable opportunité : rompre avec certaines dérives endémiques du système hexagonal, réinventer un modèle économique et social *via* un nouveau pacte de compétitivité, accélérer la construction européenne… Le défi n'est pas mince !

Petits essais de définition

Que dissimule donc cette notion abstraite de compétitivité ? Vaste sujet en réalité, qui recoupe de nombreuses occurrences. Tentons d'en donner une définition simple, en distinguant la compétitivité des pays de celle des entreprises. Dans l'agenda de Lisbonne, l'Union européenne la définit comme la « capacité d'une Nation à améliorer durablement le niveau de vie de ses habitants et à leur procurer un haut niveau d'emploi et de cohésion sociale ». La Commission de Bruxelles la décrit comme l'aptitude d'un pays « à accroître sa part des marchés d'exportation ou de soutenir un taux de croissance plus élevé sans que son solde courant se détériore ». En inversant l'angle de vue, elle se caractérise comme l'attractivité d'un espace dans un système économique ouvert. Un économiste interrogé par SYNTEC conseil en management en énumère les principaux facteurs :

> *« Son système éducatif tout d'abord, dont l'objectif doit être d'amener les citoyens au bon degré de qualification. Son niveau de recherche et sa capacité d'innovation, ensuite. Son régime juridique d'ensemble également, qui doit se caractériser par une stabilité et une visibilité propres à offrir une sécurité aux investisseurs potentiels. Le financement de son économie, en quatrième lieu : son industrie financière de la place doit être suffisamment importante et ses choix fiscaux opportuns. Le niveau de développement de ses infrastructures, enfin. »*

Autant de critères que l'on pourrait multiplier à l'envi et qui seront largement repris et développés dans les pages qui s'ouvrent.

La compétitivité d'une entreprise se caractérise quant à elle par son aptitude à faire face à la concurrence d'autres sociétés, qu'elles soient nationales ou étrangères. Tout d'abord, *via* la compétitivité-prix, qui se fonde sur sa capacité à offrir un bien ou un service à un prix inférieur à celui de ses concurrents pour une prestation identique.

Par le biais ensuite de la compétitivité hors prix, qui repose d'une part sur sa propension à proposer des produits différenciés par la qualité, l'innovation ou encore par les services qui les accompagnent.

À chacun « sa » compétitivité, pourrait-on résumer. Avec des finalités apparemment distinctes : d'un côté il est question de PIB par habitant, de niveau d'emploi, de balance des paiements… De l'autre, de chiffre d'affaires, de parts de marché, de bénéfices… Vouloir traiter conjointement de ces deux sujets peut s'apparenter à une gageure. Et pourtant, tout est lié. Les relations entre ces deux concepts sont certes complexes, multiformes, évolutives. Il n'en reste pas moins que leurs interactions tombent sous le sens. Que leur synchronisme structure l'avenir de la société, ses équilibres futurs. Le « couple » s'avère indissociable ! Quel pays en effet prétendrait se hisser dans le peloton de tête des nations avec une industrie et des services moribonds ? En symétrie, pour se développer, les entreprises ont besoin d'un cadre législatif adapté, de services publics efficaces, d'infrastructures performantes, d'une stabilité politique et sociale durable… Bref, d'un pays lui-même compétitif.

La possibilité d'un pacte

Les vérités simples tombent trop souvent dans l'oubli : dans un monde ouvert aux quatre vents économiques, le niveau de vie d'une population tient essentiellement – voire exclusivement – à la compétitivité conjuguée de son pays et de ses entreprises. *A fortiori* pour une nation en croissance démographique comme la France ! Seule une telle dynamique laisse augurer un taux d'emploi suffisant, une protection sociale de qualité et une réelle capacité d'investir.

Or, quand les moteurs de la compétitivité toussent, c'est tout le pays qui s'enrhume ! Et les indicateurs convergent : l'Hexagone subit une lente érosion de ses atouts concurrentiels. Il ne s'agit certes pas d'un effondrement mais d'un glissement relatif, préoccupant au sein d'une économie toujours plus globalisée. Cette évolution menace l'ensemble de notre modèle économique et social. Sa rénovation s'impose dans les plus brefs délais. La France – et avec elle l'ensemble des nations occidentales – entre dans un « temps économique » crucial. Afin d'enrayer la dégradation de nos fondamentaux, il apparaît essentiel d'investir pour l'avenir. De bâtir un nouveau « pacte de compétitivité » entre l'entreprise et la nation.

Plusieurs facteurs ébranlent l'architecture d'ensemble du « bâtiment France ». Le poids des charges sociales tout d'abord : en pesant sur le coût du travail, il ronge la compétitivité des entreprises et détruit des emplois. À ce handicap, s'ajoute un manque de flexibilité du marché du travail qui décourage l'audace et la prise de risque. Et que dire de la complexité, de la lourdeur et de l'instabilité de notre fiscalité ! Laisser en l'état les choses s'avère d'autant plus intenable qu'un choc démographique majeur lié au vieillissement s'annonce inexorablement. L'État n'est ensuite plus à même de relancer massivement la machine : c'est hors de portée de sa situation financière. Ses infrastructures sont de qualité mais vieillissantes. À noter également les difficultés du système bancaire à assurer aujourd'hui sa mission première : le financement des entreprises et notamment des PME. Quatrième élément, la France accuse un « décrochage éducationnel », les établissements d'enseignement demeurent très largement déconnectés de la réalité des entreprises. Autre faiblesse : l'effort national – en particulier privé – en faveur de la recherche et développement s'avère insuffisant. Enfin, le dialogue social à la française a montré ses limites. Il ne permet plus de poser les bons débats en termes de répartition des rôles, d'évolution du monde de l'entreprise, de partage de la valeur… Au total, ces dérives pénalisent durement les entreprises.

Vers une dynamique nouvelle

La chute ne doit pas être tenue pour irréversible. Rompre ce cercle vicieux, en tirer avantage… un pacte est possible. Il doit instaurer une nouvelle répartition des rôles et des contributions de chacun, ce qui suppose un certain nombre de préalables : rationaliser les dépenses sociales, mieux répartir la charge de leur financement. Des solutions justes existent. C'est l'un des sujets centraux de cet ouvrage. En contrepartie d'un allégement du coût du travail, l'entreprise doit s'investir plus fortement dans la formation et l'intégration de la main-d'œuvre. Sur tous ces sujets, et bien d'autres encore, les pages qui s'ouvrent reviendront longuement. Tenons d'ores et déjà pour acquis que tous les acteurs – politiques, économiques, syndicaux – doivent redoubler d'efforts sur le long terme en misant sur l'innovation, la recherche et le développement. L'heure est venue d'une dynamique nouvelle. Une vision partagée par le directeur d'un grand organisme paritaire :

> *« La France dispose d'atouts non négligeables : taux de natalité, infrastructures, situation géographique… Pour autant, elle a un problème de cohésion sociale et de perte de confiance, qui peine à être pris en compte par les programmes politiques et*

les institutions. Il appellerait un message plus spirituel ou plus national pour redonner envie d'être ensemble… Il appellerait également un cadre institutionnel, permettant une visibilité de plus long terme que l'exercice budgétaire ou même le quinquennat. En matière de protection sociale notamment, il convient de s'inscrire dans le temps long… »

Dernier point d'importance : la compétitivité nationale ne peut s'entendre hors de l'Europe, *a fortiori* au vu de l'harmonisation fiscale, sociale, réglementaire croissante impulsée par Bruxelles et Strasbourg. Le renforcement de la construction européenne s'avérera crucial dans le contexte actuel, la crise se trouvant pour partie accentuée par un déficit chronique de cohérence économique et politique au sein de la zone euro comme de l'Union. Les choix en matière de réglementation bancaire s'avèreront essentiels. La France devra peser de tout son poids pour que l'Europe adopte des mesures qui permettent le bon fonctionnement des circuits financiers destinés à financer les projets des entreprises et particuliers, et à garantir leur épargne. L'enjeu européen est donc majeur même s'il ne s'inscrit qu'en filigrane dans les pages qui s'ouvrent, qui ne traitent délibérément que de la France.

En conclusion de l'introduction…

Le présent ouvrage présente donc les voies et conditions du changement dans l'Hexagone et les réformes prioritaires qui permettraient de l'actionner. Elles relèvent du bon sens et se veulent dénuées de tout dogmatisme.

Les pires ennemis de ces pistes réformatrices ? La difficulté quasi atavique à aborder en France les choix sur un mode dépassionné. Une tendance à voir des oppositions caricaturales là où existent des complémentarités : les grands patrons contre les salariés, l'entreprise contre la société, l'État protecteur contre le capitalisme destructeur… Sans oublier la funeste conviction que le modèle hexagonal est le seul qui vaille et que tout ce qui a été inventé ailleurs est suspect. Changer est possible. La principale difficulté ne réside pas tant dans ce qu'il convient de faire que dans la gestion même du changement.

Les responsables politiques devront donc effectuer des choix fondamentaux en matière de politique économique et de compétitivité. Choix budgétaires, malgré l'ampleur des déficits publics. Sans oublier que les options de politique monétaire reviennent à la BCE. Choix fiscaux, pour alléger le coût du travail, mieux répartir les contributions et relancer l'emploi. Choix entre une politique de l'offre assumée et une politique de soutien à la demande. Choix de stratégie industrielle pour restaurer la compétitivité du secteur productif. Choix de réformer l'État, encore et toujours.

La mise en place de ce pacte suppose le lancement de dix grands chantiers, abordés au fil de deux parties principales :

- *donner un nouvel élan à l'emploi et à la croissance*, c'est-à-dire redonner aux entreprises les moyens d'investir, de croître et d'embaucher avec un accent particulier porté sur les PME et les entreprises de taille intermédiaire (ETI) : baisse du coût du travail sans pénalité pour les salariés ou les plus démunis, amélioration de sa flexibilité accompagnée d'une sécurisation des parcours professionnels, réforme de la fiscalité, sécurité des financements. Sans oublier l'indispensable modernisation de nos institutions, l'accélération de la réforme de l'État, du système social et son extension aux collectivités territoriales ;

- *investir dans les hommes et la connaissance pour la compétitivité de demain.* Autrement dit, investir dans le progrès : lancement d'un véritable plan Marshall pour l'enseignement primaire et secondaire, poursuite de la modernisation de l'enseignement supérieur, refonte du système de la formation professionnelle, dynamisation de la recherche/développement et accélération de l'effort porté sur les pôles de compétitivité.

Mais aussi refonte des bases d'un dialogue social plus constructif, d'une culture plus positive de l'entreprise et renforcement de nos infrastructures, notamment numériques.

Mais avant d'entrer de plain-pied dans le détail de ces deux volets, il convient d'éclairer le débat d'ensemble par un rapide survol de la situation et du positionnement de la France en termes de compétitivité.

PARTIE 1

LES CLÉS
DE LA COMPÉTITIVITÉ

Comment la France se positionne-t-elle aujourd'hui en termes de compétitivité internationale ? Interrogation d'autant plus ardue que les Français ont une fâcheuse tendance, quand ils se jugent eux-mêmes, à balancer entre deux tentations aussi mortifères l'une que l'autre : le catastrophisme ou le triomphalisme. Des penchants d'autant plus inappropriés que la situation s'avère, on le verra, tout à fait contrastée.

Plusieurs indicateurs traduisent le niveau de compétitivité d'un pays, leur nombre et leurs caractéristiques variant selon les instituts économiques. Certains allant jusqu'à en distinguer trente-quatre différents. D'autres, à l'instar de la commission Stiglitz, incitant à une meilleure prise en compte du bien-être dans la mesure de la performance d'un pays. Sans entrer dans ces débats complexes ni commenter la querelle qui oppose les tenants d'une évaluation purement quantifiable et les adeptes d'une vision plus qualitative, nous nous cantonnerons à examiner les trois « étalons » les plus communément admis : le niveau de croissance et son corollaire le PIB par habitant ; le commerce extérieur et la balance des paiements ; la productivité et le coût du travail. Autant de critères qui renvoient de près ou de loin au fameux « carré magique » : croissance, inflation maîtrisée, faible taux de chômage et équilibre de la balance commerciale. Mais pour être parfaitement comprise, la situation actuelle doit être appréciée avec un minimum de recul historique…

Une très brève histoire de la compétitivité française

L'évolution récente de notre compétitivité peut globalement se décomposer en trois périodes.

Des Trente Glorieuses aux Trente « Piteuses »

Les fameuses Trente Glorieuses, tout d'abord, de 1945 à 1973. Dans une conjoncture florissante pour les économies industrialisées, notre pays s'affranchit des grandes contraintes de la rareté millénaire, triple son niveau de vie. La modernisation de notre société, jusqu'alors majoritairement agricole, s'avère impressionnante, comme l'a remarquablement démontré l'économiste Jean Fourastié. Ses principaux ressorts ? Les investissements structurants de l'État, le choix affirmé de champions nationaux, une couverture sociale élevée permise par une démographie favorable, un petit entrepreneuriat régénérant les territoires. Ce cercle vertueux de la compétitivité du couple France/entreprises se révèle performant. De ces fondations, il reste d'ailleurs de fort belles traces : un niveau élevé de productivité unitaire, une qualité de main-d'œuvre et d'infrastructures qui attirent fortement les investissements directs étrangers, une certaine forme de stabilité politique et financière. Toutefois l'un des péchés originels du développement français pointe déjà son nez : la consommation privée et l'amélioration du pouvoir d'achat sont systématiquement privilégiées au détriment de la formation brute de capital et de l'investissement. D'où le retard pris dès cette époque par rapport à des pays tels que l'Allemagne – la RFA à l'époque –, qui opérera des choix radicalement opposés.

À partir de 1973, deuxième étape. L'économie mondiale est bouleversée par le renchérissement des cours du pétrole et le début de l'ouverture des frontières. Cette aggravation de la conjoncture dévoile au grand jour certaines faiblesses structurelles jusqu'alors cachées : assise industrielle trop étroite, faible appétence pour le commerce international, insuffisance des investissements productifs. Au début des années quatre-vingt, s'engage une réelle libéralisation de l'économie. La France s'installe dans la position enviable de quatrième puissance exportatrice mondiale, derrière l'Allemagne, le Japon et les États-Unis. Au cours de cette décennie, sa part dans les exportations mondiales progresse de 5,8 % à 6,1 %. Une révolution copernicienne s'opère dans le même temps : d'une logique de dévaluation compétitive – on déprécie le franc pour mieux vendre à l'étranger –, on bascule dans la désinflation compétitive – on réduit la croissance des coûts et on consolide la monnaie, selon une pratique éprouvée chez nos voisins d'outre-Rhin. Cette nouvelle vertu sera le « prix » à payer pour intégrer l'Union européenne dans le cadre de Maastricht et pour préparer notre entrée dans l'euro. Toutefois, la persistance de pesanteurs législatives, administratives et normatives limite l'impact de cette politique en termes de gain de productivité, donc de compétitivité. Corollaire de ces rigidités et du poids de l'État, le taux des prélèvements publics sur la richesse nationale continue de s'envoler et les déficits budgétaires récurrents s'installent durablement.

Troisième et dernière étape, des années quatre-vingt-dix à nos jours. Trois bouleversements majeurs marquent ces deux dernières décennies : la mondialisation totale avec l'entrée fracassante des pays émergents sur l'échiquier international ; l'explosion des nouvelles technologies ; et la financiarisation de l'économie. Le tout sur fond d'écroulement des pays du bloc soviétique et de fin des idéologies. Il serait un peu vain d'en énumérer ici toutes les caractéristiques : niveau toujours croissant d'échanges de biens et de services, effondrement des coûts du transport et des télécommunications internationales, accélération exponentielle de la circulation de l'information et des flux financiers, interdépendance totale des monnaies, entrée sur le marché mondial du travail de centaines de millions d'ouvriers asiatiques – chinois et indiens notamment – très peu payés et très peu protégés… Conséquence directe de ce phénomène de globalisation, la compétition internationale se durcit considérablement. Sous les coups de butoir de ces nouveaux et redoutables concurrents – dont le fameux acronyme BRIC (pour Brésil, Russie, Inde, Chine) en constitue l'emblème premier – les pays occidentaux connaissent une désindustrialisation sans précédent, à l'exception de l'Allemagne et du Japon. Un simple chiffre en illustre l'ampleur : en vingt ans, l'emploi industriel a chuté de 8 % dans la zone euro, de près de 20 % au Royaume-Uni et de plus de 25 % aux États-Unis, le centre de gravité de la production ayant irrémédiablement basculé vers les pays émergents. En découle, pour survivre, une incessante course darwinienne à l'adaptation qui pousse les pays occidentaux à investir massivement dans les nouvelles technologies et l'innovation – ce qui est bien – et à crédit dans l'immobilier et les finances – ce qui est moins bien. À l'exception encore une fois de l'Allemagne qui optera pour une politique délibérée de rétablissement de sa compétitivité industrielle dans un contexte de réunification.

Une France en demi-teinte

Quid de la France au cœur de cette nouvelle donne ? Le maintien d'une politique privilégiant – en schématisant quelque peu – la demande à l'offre a affaibli notre tissu économique. Dit autrement, la croissance française est principalement tirée par la consommation intérieure et la dépense publique. Mais à favoriser le consommateur plutôt que l'entreprise, on a frustré le premier et handicapé la seconde. En laissant dériver les dépenses de l'État, des collectivités locales et des systèmes sociaux, le pays a réduit ses marges de manœuvre. Ce dernier point n'est pas neutre : le niveau des prélèvements et de la dette publique, à la fois enjeux et matrices de notre compétitivité, atteint des niveaux records. La situation hexagonale se caractérise donc par un endettement public et des entreprises non financières – hors les banques – significatif, alors que celui des ménages reste faible. Les États-Unis, le Royaume-Uni et l'Espagne fonctionnent plutôt sur un modèle de demande interne portée par l'endettement privé, en particulier celui des ménages. L'endettement public/entreprises non financières/ménages est globalement équilibré en Allemagne. La dette de l'État nippon bat certes tous les records – 210 % du PIB – mais est détenue à 95 % par les ménages japonais. La Chine s'engage, quant à elle, sur un modèle exportation/endettement mixte.

Le cercle vicieux s'est enclenché en trois étapes principales. Le pays surendetté, trop lent à se réformer, a fait porter par la dette nationale et par le secteur concurrentiel le poids croissant de son système social et administratif. Ce coût supplémentaire a grevé le budget de l'État et compressé les marges des entreprises. Les capacités d'investissement de ces dernières s'en sont trouvées réduites, nuisant ainsi à leur compétitivité, et partant à leur aptitude à embaucher. Le résultat en a logiquement été l'accroissement d'un coût de protection sociale déjà élevé, ce qui nous ramène à l'étape 1… Dérive itérative, lourdement amplifiée par la crise.

Par sa brutalité et son ampleur, celle-ci force de fait à un questionnement et à une remise en cause très profonds, que l'économiste et historien Nicolas Baverez résume dans son dernier ouvrage *Après le déluge* aux éditions Perrin. Il identifie les trois fléaux majeurs qui minent à ses yeux l'économie française et par là même sa compétitivité.

« Le premier découle de la faible productivité du secteur public français et de la course folle des déficits et de la dette publique… qui atteindra 100 % du PIB autour de 2012, soit un niveau jamais atteint en période de paix. Le deuxième réside dans l'étroitesse et l'hétérogénéité du secteur privé, dont les performances dépendent de quelques grands groupes mondialisés et d'un petit nombre de pôles d'excellence ; or la crise multiplie les faillites, parachevant la désintégration du tissu industriel… Le troisième est à chercher dans le chômage de masse qui n'est pas seulement un frein à la sortie de crise, mais un cancer qui mine le lien social et la cohésion nationale. »

Fort de ce constat pour le moins sombre, il tire une conclusion sans appel :

> *« La clé demeure le rétablissement de la compétitivité qui passe par le développement prioritaire du secteur marchand, par un effort de productivité dans le secteur public, enfin par la refondation de la Nation. »*

Croissance : la panne ?

Historiquement, la croissance française s'avère moins fluctuante, à la hausse comme à la baisse, que celle des autres pays industrialisés. Une tendance qui s'explique par l'importance de la redistribution et des transferts sociaux dans notre pays : s'ils amortissent les chutes, ils alourdissent considérablement les redécollages…

Sur dix ans, entre 2000 et 2010, notre croissance a certes été supérieure à celle de l'Allemagne : + 13 % contre + 9 % pour notre voisin d'outre-Rhin, qui finissait « d'absorber » les *länder* de l'est. Orientation qui s'est cependant inversée depuis 2005 : en cinq ans, la croissance française cumulée s'est établie à 3,8 %, soit un niveau très proche de celle de la zone euro, mais légèrement inférieure à celle des vingt-sept pays de l'Union. L'Allemagne, quant à elle, a progressé de 6 %, les États-Unis de 4,8 %, alors que le Royaume-Uni n'a évolué que de 1,8 % et le Japon de 0,5 %. Des résultats confortés par les chiffres de 2010 : 1,5 % en France contre 1,8 % pour la zone euro, 1,8 % pour les vingt-sept de l'Union, 3,7 % pour l'Allemagne, 1,4 % pour le Royaume-Uni, 2,8 % pour les États-Unis, 3,9 % pour le Japon et… 10,2 % pour la Chine. Et les prévisions 2011-2012 prolongent le scénario : légère hausse à 1,8 %-2,0 % par an pour la

France, Allemagne en baisse à 2,6 %-1,9 %, le Royaume-Uni en hausse à 1,7 %-2,1 %, les États-Unis à 2,5 %, le Japon à 1,7 %.

Tableau 1 – Tendance confirmée par les prévisions pour 2010

	2010	2011 (f)	2012 (f)
UE 27	1,8 %	1,8 %	1,9 %
Zone Euro	1,8 %	1,6 %	1,8 %
Suède	5,7 %	4,2 %	2,5 %
Allemagne	3,7 %	2,6 %	1.9 %
Finlande	3,6 %	3,7 %	2,6 %
Pays-Bas	1,8 %	1,9 %	1,7 %
France	1,5 %	1,8 %	2,0 %
Royaume-Uni	1,4 %	1,7 %	2,1 %

Bien qu'initialement revue à la hausse après un premier trimestre 2011 meilleur que prévu – en partie du fait de la reconstitution des stocks des entreprises – de très lourdes incertitudes continuent de peser sur la croissance future, ramenée à 0 % au deuxième trimestre. Quant au niveau d'inégalité des revenus (coefficient de Gini où 0 correspond à une égalité parfaite), il reste relativement élevé en France avec 0,327 : inférieur à celui du Royaume-Uni (0,360) mais supérieur à celui de l'Allemagne (0,283) ou des pays nordiques (0,260). Enfin, si le taux de pauvreté – stable dans les dix dernières années – demeure l'un des plus faibles des pays de l'OCDE, les inégalités s'aggravent par le haut. L'écart entre les plus pauvres et la médiane ne se modifie guère mais le *gap* entre les plus riches et la médiane se creuse significativement. Dernière indication d'importance : le PIB par habitant croît au même rythme en France qu'en Allemagne. Il s'établit actuellement à environ 33 000 euros par habitant dans les deux pays. Voilà pour ce qui est du constat…

« Vu d'avion », ces dernières statistiques semblent converger. Et pourtant, au final, l'Allemagne est championne du monde des exportations tandis que la France peine à équilibrer ses comptes. L'explication en est simple. En Allemagne, l'évolution de ce ratio s'explique en effet par la baisse de la part des salaires dans la valeur ajoutée nationale. C'est le résultat direct de la politique de modération menée par Berlin pour favoriser les exportations au détriment de la consommation intérieure et au profit des entreprises. En France, à l'inverse, il est le fruit d'une politique davantage orientée vers la demande domestique par le biais d'un ensemble de dispositifs agrégés : niches sociales et fiscales, politique familiale… Ce qui détériore considérablement les finances publiques depuis quarante ans.

Commerce extérieur : chronique d'une dégradation

La France subit également une dégradation progressive de sa balance courante. En quinze ans, elle est passée de + 2 % à − 2 % de son PIB. Rien de catastrophique en soi. La « performance » française en termes d'exportations s'avère comparable à celle des membres du G7. Les parts de marché de ces pays ont en effet connu un recul historique, principalement dû au rattrapage massif des puissances émergentes. Seuls, l'Allemagne et le Japon, une fois encore, font figure d'exception. Toutefois, contrairement à d'autres, la France cumule déficit de la balance courante et déficit des investissements directs. Par comparaison, l'Allemagne délocalise la production des produits intermédiaires pour garder les productions à forte valeur ajoutée sur le territoire national. En outre le déficit commercial s'est à nouveau creusé significativement dans les derniers mois avec un montant estimé pour 2011 de − 75 milliards d'euros (contre − 52 milliards d'euros en 2010) en particulier sous l'effet d'un ralentissement des exportations dans les secteurs aéronautiques, produits pétroliers raffinés et pharmaceutique.

Une lente érosion

Plusieurs facteurs défavorables se sont conjugués pour aboutir à cette situation. Tout d'abord, une lente érosion des parts de marché par rapport à l'ensemble du monde. Ensuite, un déficit de pénétration géographique sur les marchés les plus dynamiques, doublé d'un défaut de positionnement en termes de gammes et de qualité dans nombre de filières. La France exporte principalement en Europe (68 % de ses exportations), peu vers l'Afrique, le Moyen-Orient et l'Amérique du Nord, correctement vers l'Asie.

Notons également depuis 1995, un certain décrochement en termes de R&D, notamment dans les filières export. Dernier point, la France perd des parts de marché sur ses produits phare : 70 % des exportations hexagonales concernent l'équipement (38 %), les produits chimiques (19 %) et les produits manufacturés de base (12 %). Dans ces trois domaines clés, le pays connaît un déclin plus ou moins marqué, variant de 1 % à 5 % au cours des huit dernières années.

Tendances et monnaies

La performance exportatrice à moyen terme de la France évolue donc sur un *trend* défavorable. Ainsi que le commente un expert économique :

> *« Les enjeux sont mal compris par les acteurs privés ou publics : on parle trop de concepts liés à la croissance quantitative, l'emploi et l'industrie et pas assez de concepts relatifs aux services et au qualitatif… Or nous avons des champions qui réussissent à l'international parce qu'ils ont le talent immatériel du management de structures complexes réparties dans différents pays. Il ne s'agit pas de compétitivité par les coûts mais de compétitivité organisationnelle. La compétitivité est cette capacité à s'étendre de façon pro active : celle de la France est actuellement trop défensive. »*

Conséquence de cette dégradation : la balance commerciale se trouve chroniquement dans le rouge depuis sept ans, les exportations (+ 4,8 %) croissant moins vite que les importations (+ 6,7 %) sur la période 2003-2010 (fig. 1.1 et 1.2). Or, ainsi que le souligne le chercheur Élie Cohen dans une récente contribution :

> *« Cet effondrement s'est accompagné d'une forte contraction de la base industrielle française : l'industrie ne représente plus que 13 % de la valeur ajoutée en France contre 29 % en Allemagne. Comme les trois quarts des échanges mondiaux portent sur des biens industriels, un pays qui n'est pas compétitif, c'est-à-dire qui n'est pas capable de vendre les biens demandés sur le marché international, est conduit à avoir des difficultés grandissantes. La question industrielle fait à nouveau retour. »*

Pour combler ces déficits commerciaux, notre pays doit équilibrer par des flux financiers, ce qui crée de la dette externe équivalente aujourd'hui à 10 % du PIB. Un chiffre qui demeure à la limite de l'acceptable, à la condition *sine qua non* de tout faire pour redresser la barre dans les dix prochaines années.

À tout cela s'agrège une composante supplémentaire qu'il convient de ne pas sous-estimer : l'immense désordre

Figure 1 – Les exportations françaises ont crû moins vite que celles de ses concurrents, de 4,8 % p.a depuis 2003…

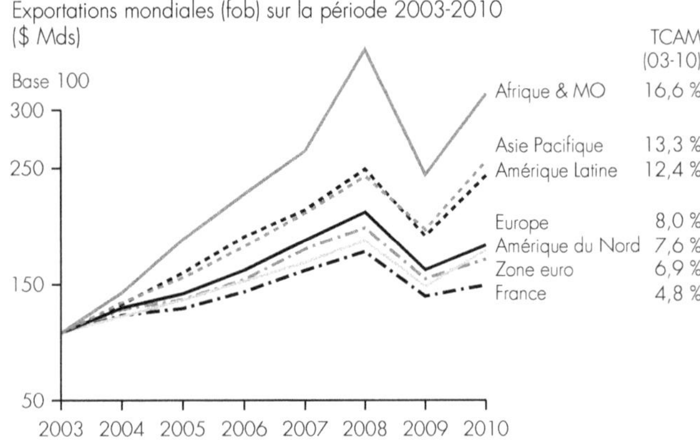

Source : Euromonitor ; FMI (Direction des statistiques du commerce) et statistiques nationales

Figure 2 – … alors que les importations françaises ont crû plus vite que les exportations, de 6,7 % p.a

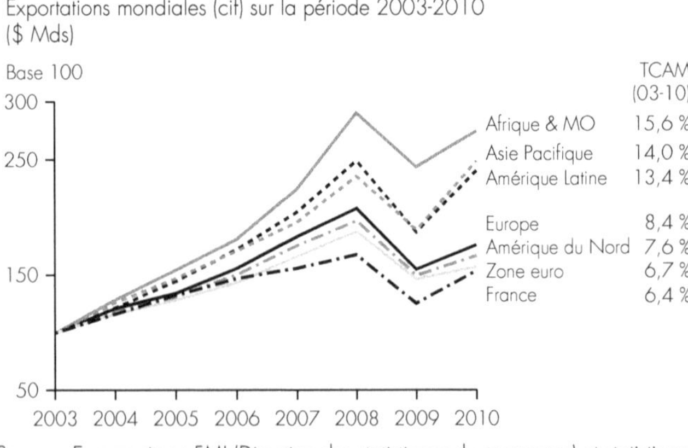

Source : Euromonitor ; FMI (Direction des statistiques du commerce) et statistiques nationales

monétaire qui caractérise la planète. Entre un yuan non convertible – sous-évalué de l'ordre de 20 % à 40 % selon les estimations – et un dollar qui bénéficie et use à plein de son statut de monnaie étalon, l'euro souffre d'une surévaluation chronique. Une parité intenable pour la Grèce ou le Portugal, acceptable pour l'Allemagne et difficile à supporter pour la France, tant elle pénalise la compétitivité-prix de nos entreprises et donc nos exportations. En d'autres termes, un handicap lourd souligné par un économiste de renom :

> *« Toutes les mesures structurelles pouvant améliorer la compétitivité sont utiles mais dans le cas où l'euro continuerait à s'apprécier significativement et durablement par rapport en particulier au dollar, les efforts consentis risquent d'être annihilés par cet effet de parité monétaire. »*

Et de conclure *:*

> *« Il s'agit d'un sujet difficile à traiter pour l'Europe et la BCE, en particulier parce que l'Allemagne en souffre un peu moins grâce à sa meilleure position en termes de compétitivité hors-prix. Il s'agit là d'un débat central sur l'articulation à donner à la compétitivité prix et hors prix. »*

Sur cette thématique monétaire, d'aucuns vont jusqu'à traiter l'Europe « d'idiot du village global ».

Productivité : la chute immobile

Malgré une faible durée hebdomadaire effective, la productivité du travail demeure l'un des points forts hexagonaux : la France se situe en deuxième position mondiale, juste derrière les États-Unis. Toutefois, cet indicateur majeur enregistre une baisse régulière depuis cinq ans.

Figure 3 – En baisse depuis 2006, la productivité du travail française reste parmi les plus élevées de l'OCDE

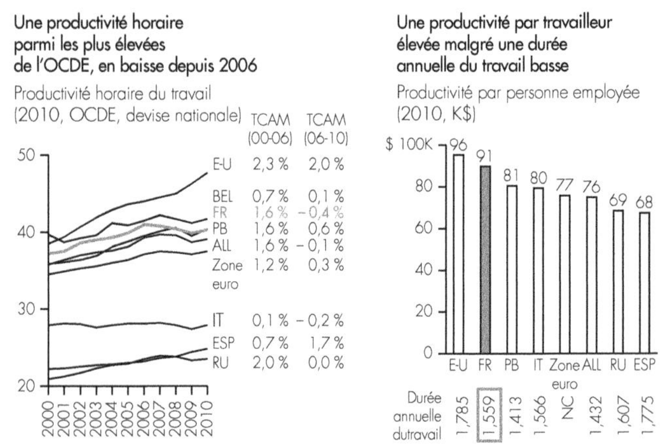

Sources : Eurostat/Euromonitor international ; OCDE ; base de données GGDC.

L'écart très favorable en termes de coût horaire du travail, enregistré à l'orée des années 2000 par rapport à l'Allemagne – notre éternel miroir – s'est ainsi très sensiblement réduit. À ce jour, il s'avère à peu près équivalent pour l'industrie manufacturière : 33,16 euros de l'heure contre 33,37 euros en Allemagne. Il est même défavorable au regard de l'ensemble des secteurs économiques. Ce qui s'explique par une politique active de modération salariale en Allemagne : accord avec les partenaires sociaux dans le souci de privilégier l'emploi, recours plus marqué à l'intérim, possibilité d'adaptation du temps de travail à l'activité. Le tout conjugué avec une hausse soutenue de la productivité horaire, équivalente à celle de la France. Différence également de structure du coût du travail : la part des charges sociales en pourcentage est nettement supérieure en France où le coût d'une augmentation de salaire de 100 euros net est de 170 euros en France contre 155 euros en Allemagne.

Il convient de souligner également la dégradation de la situation française en termes de compétitivité non-coût, du fait de la faiblesse de l'innovation. Les produits allemands se distinguent sur la plupart des aspects hors coût, le prix demeurant le seul facteur sur lequel les produits français sont mieux perçus pour les biens intermédiaires et d'équipement. Pour les biens de consommation, la France est mieux positionnée que l'Allemagne sur la partie ergonomie/design – 6e critère par ordre d'importance selon une étude COE Rexecode – mais loin derrière pour la qualité, les délais de livraison et le rapport qualité prix, trois des critères jugés les plus importants. Ainsi que le résume un spécialiste :

> *« La position compétitive de la France s'est dégradée en termes de coût (en particulier vis-à-vis de l'Allemagne qui a rattrapé son retard) aussi bien qu'en termes de facteurs non-coût. Les coûts unitaires s'avèrent défavorables en général, notamment sur certains secteurs porteurs comme la croissance verte. La France souffre également d'un manque d'investissements en termes de compétitivité hors prix – notamment en recherche et développement – ce qui a été permis par la maîtrise des coûts dans le modèle allemand de croissance. Enfin, l'organisation en écosystèmes est déficiente : les pôles de compétitivité sont insuffisamment performants, les grands groupes champions ne sont pas assez connectés avec le tissu économique, un middle-market fort restant à développer. Même si, au cours de la période récente, un certain nombre de projets sont allés dans le sens d'une amélioration de la compétitivité : réforme de l'université, grand emprunt, CIR, flexibilité du travail (rupture conventionnelle, heures supplémentaires)… »*

Où l'on en revient toujours à l'importance vitale de la compétitivité… Enfin, les entreprises industrielles françaises dégagent une marge brute de 25 %-27 %, inférieure à la moyenne européenne, en particulier de l'Allemagne. L'excédent brut d'exploitation de nos entreprises non financières s'établit à 12 %. C'est l'un des plus faibles d'Europe, inférieur de 3 points à la moyenne européenne et de 5 points à celle outre-Rhin. Leur profit après impôt et avant distribution reste inférieur de près de 3 points à celui dégagé en Allemagne. Sur la période 2006-2009, et après distribution, leur capacité d'autofinancement est 30 % inférieure à celle des entreprises allemandes et 40 % inférieure à celle de leurs consœurs anglaises. Autant de données préoccupantes pour la rentabilité actuelle et future de notre tissu économique.

> Le questionnaire SYNTEC conseil en management sur la compétitivité a été administré entre février et juin 2011 à près de 135 interlocuteurs, chefs d'entreprises, experts académiques, institutionnels, responsables de l'administration et consultants. Ses résultats ont contribué à l'élaboration du socle de réflexion qui préside à cet ouvrage. Zoom rapide sur ses principaux résultats quantitatifs.

Les dimensions économiques de la France : forces et faiblesses

On distingue clairement trois blocs distincts dans les notes attribuées aux différentes « dimensions économiques de la France » par les chefs d'entreprises interrogés. Le premier groupe qui s'étage de 6 à 7,3 sur 10 rassemble les infrastructures, l'intervention de l'État dans sa dimension quantitative, le numérique, la qualité de la main-d'œuvre, la productivité et l'innovation. Gravitent autour de la

Figure 4 – Notation de différentes dimensions économiques sur l'ensemble des dirigeants sondés

Moyenne des notes attribuées (/10)

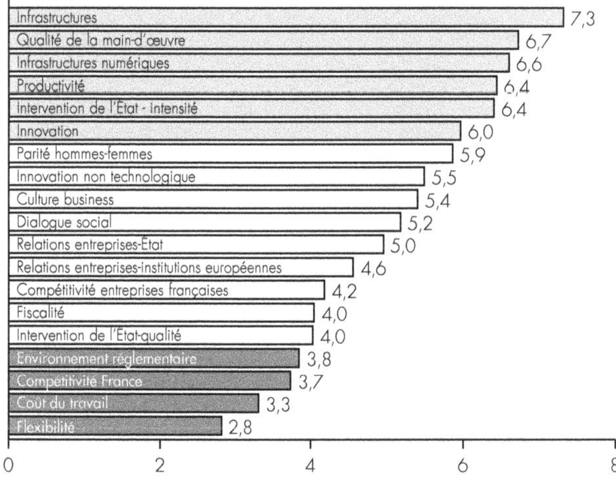

Note : 82 personnes interrogées.

moyenne dans un ordre décroissant – de 5,9 à 4 sur 10 – la parité hommes/femmes, la culture du business, l'innovation non technologique, le dialogue social, les relations entreprises-État, les relations entreprises-institutions européennes, l'intervention de l'État dans son aspect qualitatif, la fiscalité. Figurent enfin en queue de peloton, variant entre 3,8 et 2,8 sur 10, l'environnement réglementaire et surtout le coût et la flexibilité du travail. Ces deux derniers paramètres apparaissant très nettement comme les plus pénalisants aux yeux des entrepreneurs interrogés. Au final, ceux-ci attribuent une note globale de compétitivité fort moyenne de 4,2 sur 10 pour les entreprises et de 3,7 pour la France.

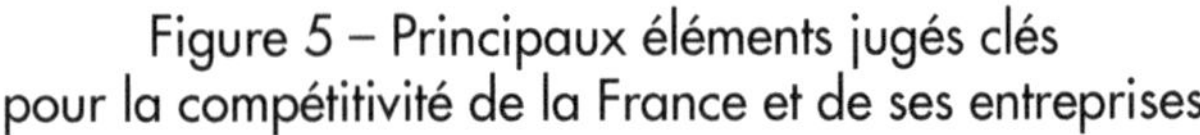

Figure 5 – Principaux éléments jugés clés
pour la compétitivité de la France et de ses entreprises

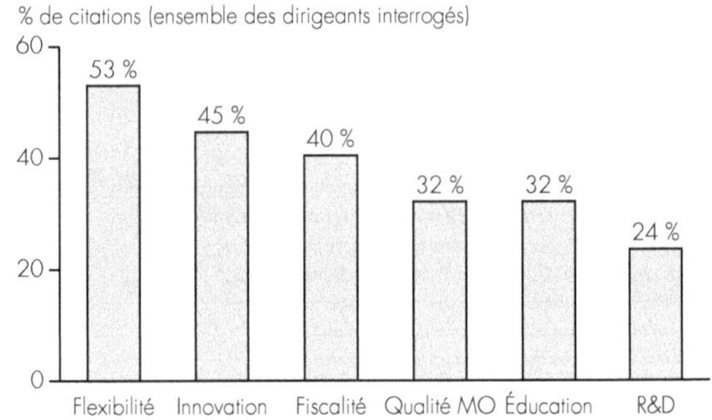

Note : Autres éléments clés ayant récolté moins de 24 % de citations :
Productivité ; Infrastructures, réglementations et normes, Pôles de compétitivité,
Dépenses publiques, capital-investissement.
60 personnes interrogées pour les dirigeants d'entreprises françaises ;
22 personnes interrogées pour les dirigeants de filiales étrangères.

Les éléments clés de la compétitivité française

Les questions de flexibilité (pour 53 % des personnes
interrogées) et de fiscalité (40 %) se partagent avec l'innovation (45 %) le podium des « éléments jugés clés pour la
compétitivité de la France et des entreprises ». Ils sont
suivis par la qualité de la main-d'œuvre et l'éducation (à
hauteur de 32 %) puis de la R&D à 24 %. Ont récolté
moins de 24 % de citations : la productivité, les infrastructures, les réglementations et les normes, les pôles de
compétitivité, les dépenses publiques, le capital-investissement.

Figure 6 – Principales propositions de réformes citées

Nombre de citations

Proposition	Nombre de citations
Réduire le montant des charges sociales	51
Multiplier les investissements en R&D	41
Renforcer la flexibilité du travail	40
Stabiliser, simplifier et assouplir le Code du travail	38
Augmenter le temps de travail	26
Stabiliser et simplifier le cadre législatif et fiscal	25
Multiplier les passerelles entre le monde professionnel et éducatif	20
Poursuivre le développement des infrastructures télécom et numériques	19
Développer l'apprentissage	19
Revaloriser les métiers industriels et techniques	17
Améliorer l'efficacité de la R&D	16
Améliorer et poursuivre le déploiement du réseau ferroviaire	16
Développer une culture économique, business et entrepreneuriale dès le secondaire	15
Améliorer la qualité du dialogue social	14
Améliorer la qualité de la formation initiale	14

Note : 103 personnes interrogées.

Le hit-parade des réformes à engager
(plusieurs réponses possibles)

Avec 51 %, la réduction du montant des charges sociales arrive très largement en tête des réformes à engager d'urgence, marquant clairement la préoccupation des acteurs interrogés sur ce sujet. Suivent de près – avec respectivement 41 %, 40 % et 38 % – un « paquet » de trois réformes : le renforcement des investissements en R&D, la flexibilisation du travail et la simplification du Code du travail. Trois autres réponses s'inscrivent ensuite au-dessus de 20 % : l'augmentation du temps de travail, la stabilisation du cadre législatif et fiscal et la multiplication de passerelles entre le monde professionnel et éducatif.

PARTIE 2

EMPLOI, CROISSANCE : DES PISTES POUR UN NOUVEL ÉLAN

Crise économique et impératif de réduction des déficits publics ont réduit les marges de manœuvre et la capacité d'investir de l'État comme des entreprises. Dans ce contexte de ressources contraintes, seules des réformes dites structurelles pourront créer un regain de compétitivité et de croissance.

Or tout se passe comme si le monde n'avait pas changé… La France tarde à ouvrir les yeux sur ces nouvelles réalités économiques. Arc-boutée sur ses certitudes sociales, assise sur un Code du travail complexe, empêtrée dans une fiscalité d'une extrême complexité, elle laisse ses entreprises se battre sur les marchés mondiaux avec des armes vieilles pour certaines de près d'un demi-siècle. Véritable révélateur de nos faiblesses, la crise offre l'occasion unique de réinventer un droit du travail modernisé et de rebattre les cartes de notre système pour le bénéfice de tous. L'enjeu n'est pas ici de réduire le niveau de protection sociale ni la cohésion de la Nation mais de les faire supporter par la collectivité dans son ensemble et non par la seule « composante travail ». Un objectif qui passe également par une profonde réforme des finances et des structures publiques – selon la fameuse formule du « moins d'État pour mieux d'État » – et par un effort tout particulier porté sur le développement des PME/ETI.

Chapitre 1

Le travail doit financer l'emploi

Dans une économie mondialisée, la productivité de la main-d'œuvre constitue un critère majeur de compétitivité. De ce point de vue, la France — on l'a vu — bénéficie d'indéniables avantages concurrentiels. Bien que l'évolution des gains enregistrés s'érode depuis trente ans — elle s'établit à 1 %/an en moyenne sur la période 2000/2008 selon l'INSEE —, le niveau de productivité française demeure satisfaisant. Il atteignait, en 2009, 120 % de la moyenne européenne (source Eurostat). Autre fait encourageant : au-delà des chiffres, les entreprises françaises comme étrangères portent un jugement positif sur la qualité de notre main-d'œuvre.

Pour autant, au fil des décennies, une antienne alimente les gazettes, irrite les syndicats et embarrasse les pouvoirs publics : « En France, le travail coûte trop cher ! » Le temps passe et la situation perdure. Effectuons un rapide état des lieux avant de tracer à grands traits les perspectives d'avenir.

Le travail à contre-emploi

Quelle réalité se dissimule derrière ce concept de cherté des salaires ? Contrairement à ce que certains entendent, il ne signifie pas qu'ils sont trop élevés. Ils illustrent tout simplement une double vérité : premièrement, la France a toujours privilégié la taxation du travail à celle des revenus ou de la consommation pour financer les dépenses sociales ; deuxièmement, l'incapacité des gouvernements à adapter le droit social à la nouvelle donne de l'économie mondialisée, la peur viscérale que suscite la flexibilité – le mot est lâché ! – plombent la compétitivité des entreprises et enferment le marché de l'emploi dans un inexpugnable carcan. Bref, les entreprises – et leurs salariés – payent un lourd tribut à la collectivité. Pour filer une métaphore facile, l'arbre des cotisations sociales ne doit pas cacher la forêt des rigidités qui ankylosent le marché du travail. Les premières sont excessives, nous le rappellerons dans les lignes qui suivent. Les secondes, plus subtiles, parfois moins éclairées par les feux de l'actualité, méritent d'être approfondies et « contextualisées ». Car, au-delà du simple coût du travail, c'est bien de chômage dont il s'agit là. Démonstration par les chiffres et regard sur des lendemains compétitifs.

Les « surcharges » sociales

Retour à l'antienne. Un rapide tour de piste statistique suffit à le prouver : la fiscalité du travail pèse fortement sur les entreprises françaises. Les taux de prélèvements sociaux dans l'Hexagone comptent en effet parmi les plus élevés des pays développés. Ce fort niveau de taxation se double d'une complexité et d'une instabilité des systèmes de calcul et de collecte qui nuisent considérablement à l'élasticité du marché de l'emploi et à la compétitivité des entreprises.

Si l'on examine la part des cotisations sociales dans le total des prélèvements publics, le niveau relevé en France – de l'ordre de 40 % – se situe à un niveau comparable à celui de l'Allemagne ou des Pays-Bas. Il est cependant deux fois plus élevé qu'au Royaume-Uni (20 %) et bien supérieur à celui du Danemark qui finance, il est vrai, l'essentiel de sa protection sociale par l'impôt sur le revenu. Toutefois, le poids réel des prélèvements sociaux sur le facteur travail s'avère plus élevé en France que chez son concurrent allemand. En effet, son taux d'imposition implicite du travail (cotisations de Sécurité sociale des employeurs et des salariés + impôts sur les salaires/total des salaires bruts) apparaît comme l'un des plus lourds du vieux continent. Il atteint 41 % contre 39 % outre-Rhin et seulement 26 % au Royaume-Uni, la moyenne européenne s'établissant à 34 %.

Figure 7 – Le taux d'imposition implicite sur le travail français est l'un des plus élevés de l'Union européenne

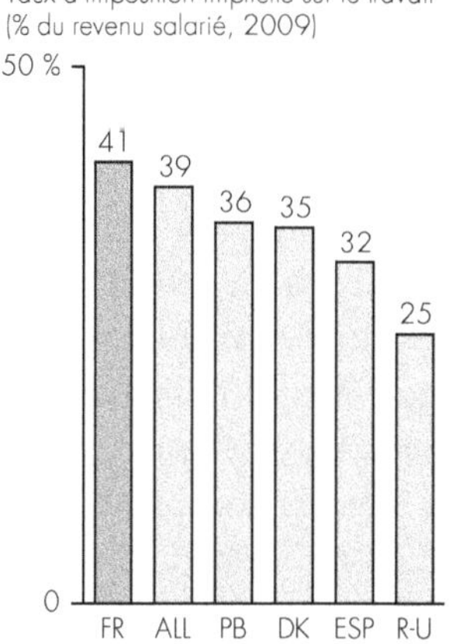

Source : Base de données « L'impôt en Europe », Commission européenne/ Eurostat ; Taxation Trends in the EU 2010 Eurostat.
Taux d'imposition implicite : considère les impôts sur le revenu, les impôts sur les salaires versés et les cotisations sociales obligatoires (employeurs + salariés) comme recettes fiscales et comme base d'imposition, le montant total des rémunérations des salariés dans l'économie (salaire brut).

Les cotisations sociales représentent au final 15 % du PIB français contre 12,6 % en Allemagne. Ainsi que le résume un spécialiste, « la productivité est statistiquement plutôt bonne en France. Cependant, la compétitivité reste pénalisée par des charges sociales trop importantes. En effet, le système est certes protecteur mais trop contraignant… Il est de plus en plus difficile pour les entreprises de s'adapter, notamment en termes d'organisation et de fonctionnement aux exigences de la compétition internationale ».

Vers une plus grande justice des contributions sociales

Les entreprises et les salariés français payent, au travers des charges sociales, un lourd tribut au financement de politiques dont l'objet se trouve parfois fort éloigné de leur travail. L'exemple des prestations familiales illustre parfaitement ce propos. Petite enfance, allocations familiales, aides au logement, allocations de rentrée scolaire… 44 milliards d'euros seront ainsi redistribués en 2011, sans compter les 12 milliards dépensés hors prestations. Les cotisations sociales financent cette politique à hauteur de 34 milliards d'euros, dont 4 milliards assis sur les rémunérations non salariées. La CSG ainsi qu'un certain nombre d'impôts et taxes affectés complètent le financement des prestations, leur déficit s'élevant à 3 milliards d'euros.

Chacun s'accordera à considérer que le financement de tout ou partie de la politique familiale – et plus largement de la protection sociale – par des impôts assis sur une base plus large que le seul facteur travail serait légitime. Ce transfert pourrait revêtir deux formes principales : la création d'une TVA sociale et l'élargissement de la base de la CSG.

L'augmentation de la TVA présente le double avantage de concerner l'ensemble de la société et de s'appliquer aux produits importés. « La TVA sociale améliorerait très sensiblement la compétitivité des produits français en France, donc l'emploi et à terme le pouvoir d'achat, contrairement à nombre d'idées reçues », confirme un consultant. Un point supplémentaire de TVA rapporterait en moyenne entre 6 et 8 milliards d'euros. La France – avec ses 19,6 % de taux normal et 5,5 % de taux réduit – dispose d'une marge d'augmentation de 2 à 3 points qui lui permettrait de demeurer dans la moyenne des principaux pays européens. À titre comparatif, les niveaux de TVA s'élèvent à 19 % en Allemagne (7 % pour le taux réduit), 20 % en Belgique, en Italie et au Royaume-Uni, 21 % en Irlande, 23 % en Pologne et 25 % en Suède et au Danemark.

Dans le cadre de cette réforme les non salariés disposant de très faibles revenus (petites retraites, bénéficiaires d'allocations de survie, etc.) pourraient bénéficier d'une compensation sous forme d'un reversement de l'Etat calculé sur la base du pouvoir d'achat théoriquement perdu. Ainsi cette TVA également appelée anti-délocalisation mériterait pleinement son qualificatif de sociale puisqu'aucun « bas revenu » n'en souffrirait.

Autre piste de travail : l'élargissement de l'assiette de la CSG. Il apparaîtrait pertinent d'aligner le taux applicable aux retraités sur celui des actifs, afin qu'ils apportent leur pleine contribution au financement des prestations sociales. Mais également de renforcer la contribution des revenus du capital. La mise en œuvre simultanée

Figure 8 – Le taux de la TVA en France est inférieur à la moyenne de l'UE qui se situe à environ 21 %

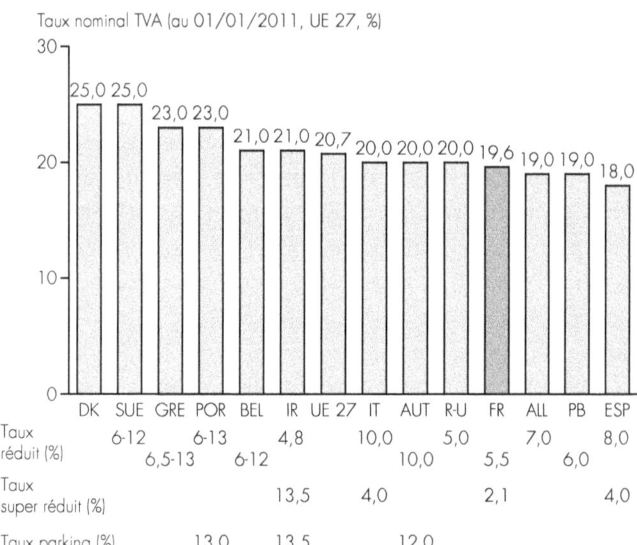

	DK	SUE	GRE	POR	BEL	IR	UE 27	IT	AUT	R-U	FR	ALL	PB	ESP
Taux réduit (%)		6-12	6,5-13	6-13	6-12	4,8		10,0	10,0	5,0	5,5	7,0	6,0	8,0
Taux super réduit (%)						13,5		4,0			2,1			4,0
Taux parking (%)			13,0		13,5				12,0					

Note : Les États membres qui appliquaient avant le 1er janvier 1991 un taux réduit de TVA à des produits qui ne figurent pas à l'annexe III de la directive 2006/112/CE, peuvent appliquer, à titre provisoire un « taux parking » qui ne peut être inférieur à 12 %, afin de leur permettre de s'acheminer plus aisément vers le taux normal.

Source : Commission européenne, 01/01/2011.

d'une progressivité de l'impôt en fonction des revenus permettrait enfin d'envisager une hausse des taux de cotisations et d'introduire plus de justice sociale au sein du dispositif.

Davantage d'avantages pour tous

Le transfert partiel des prélèvements sociaux assurerait, c'est évident, une meilleure cohérence entre le financement et l'objet des prestations. Son impact sur la compétitivité des entreprises, la rémunération du travail et l'emploi n'en sera pas moins significatif. Poursuivons l'exemple de la branche famille de la Sécurité sociale dont les ressources sont principalement assurées par les cotisations patronales. Une part des allégements induits par le transfert des charges afférentes reviendrait aux entreprises, leur procurerait un réel avantage concurrentiel et les inciterait à créer des emplois. Une autre partie pourrait être affectée à l'augmentation des salaires. L'hypothèse d'un partage égal de la valeur créée conduirait à une réduction du coût du travail de 1,4 % pour les entreprises et à une hausse des salaires bruts de 1,5 %.

Les charges sociales concentrent l'essentiel du débat sur le coût du travail. Jusqu'à faire oublier nombre de dispositifs de nature différente, dont la remise à plat s'avère pourtant indispensable tant leur performance coût/efficacité apparaît insatisfaisante. Citons pour exemple le financement de la formation professionnelle. Le système en vigueur, structuré autour des OPCA (organismes paritaires collecteurs agréés), se révèle souvent inefficace et fort coûteux. En témoignent la lourdeur de notre système de formation et l'étendue des besoins mal ou insuffisamment couverts. Quant au DIF (droit individuel à la formation), censé permettre à tout salarié de se constituer un « capital » d'heures de formation, il relève d'un mécanisme complexe aux contours parfois incertains. Une remise à plat du dispositif permettrait d'accroître son efficacité tout en réduisant son coût de gestion. Nous le verrons plus loin.

Pour la flexibilité des revenus

La question salariale occupe une place centrale dans le débat sur la compétitivité. Les salaires bruts ont progressé en France de 3,3 % par an entre 2000 et 2008. Sur la même période, la part des charges sociales dans le coût global du travail a enregistré une légère diminution (– 0,6 %).

Tensions inflationnistes, revendications sociales… En dépit d'un contexte peu propice, la maîtrise de l'augmentation des salaires réels s'avère déterminante dans une perspective d'amélioration de la compétitivité des entreprises et donc de création d'emplois. Il conviendrait pour cela de privilégier une série de mesures permettant une hausse négociée de la part variable des dits salaires. L'objectif ? Parvenir à une « indexation » d'une partie des rémunérations sur la performance financière et extra-financière de l'entreprise. Cette évolution vers une « flexibilisation » des salaires pourrait se traduire par le développement de la participation et de l'intéressement. Elle nécessitera l'adaptation des réglementations en vigueur. En particulier, l'assujettissement aux prélèvements sociaux de la part variable des salaires devra être clarifié. Cette rénovation du salariat, notamment la baisse induite de la part fixe, devra faire l'objet de négociations approfondies avec les partenaires sociaux et surtout au niveau de chaque entreprise.

D'autres initiatives favoriseraient également cette indispensable modération des revenus. Leur impact serait cependant plus faible et elles présentent à l'évidence un risque politique plus élevé. Nous en citerons deux : la remise en question de l'automaticité du relèvement annuel du SMIC (elle participe d'un choix gouvernemental sans obligation légale) ; l'augmentation négociée du temps de travail et de celle concomitante des salaires. La défiscalisation des heures supplémentaires coûte en effet très cher à la collectivité sans générer de gains substantiels pour les entreprises.

En synthèse

Actions à court terme

• Alléger le coût du travail pesant sur l'emploi : transfert d'une partie du financement de la branche famille (à hauteur de 25 milliards d'euros) par la création d'une TVA sociale et l'élargissement de l'assiette de la CSG. La valeur ainsi créée pourrait être partagée entre entreprises, salariés et faibles revenus.

Actions à moyen terme

• Libérer les revenus : introduction d'une part variable indexée sur les performances financière et extra-financière de l'entreprise, *via* l'intéressement et la participation, en veillant à clarifier l'assujettissement de cette part variable aux prélèvements sociaux.

Chapitre 2

De la préca-sécurité à la flexi-sécurité

La France rencontre des difficultés à adapter un système hérité des Trente Glorieuses à la nouvelle donne de l'économie mondialisée : son organisation du travail nuit à la compétitivité de la nation et de ses entreprises. Il convient donc d'inventer un marché du travail moderne, qui libère les capacités de nos entreprises à créer de la richesse et de l'emploi. Inspirons-nous de ce qui réussit ailleurs, tout en gardant présentes à l'esprit les spécificités françaises. Ce new deal, fondé sur la flexi-sécurité du travail, offrirait une plus grande liberté aux entreprises et engendrerait de ce fait une réduction durable du chômage. Encadrée par des textes réglementaires et législatifs, cette organisation nouvelle ferait naturellement l'objet de négociations avec les organisations professionnelles et au sein des entreprises.

Le chômage : un mal français

Historiquement, le taux de chômage global s'établit à un niveau élevé en France. Avec la crise, d'autres pays industrialisés – en particulier ceux d'Europe du sud – ont eux aussi enregistré des hausses significatives en ce domaine. Toutefois la proportion de demandeurs d'emplois demeure mécaniquement plus forte en France que chez ses principaux concurrents industriels. C'est ainsi qu'au plus fort des récentes turbulences économiques, le taux de chômage dans l'Hexagone a atteint 10 % quand, en Allemagne et au Royaume-Uni, il ne dépassait pas respectivement 7 % et 8 %. La récente révision des prévisions de l'UNEDIC pour 2011 et 2012 ne va pas dans le sens d'une amélioration, la création nette d'emplois diminuant sensiblement et ne permettant pas d'absorber l'augmentation de la population active attendue sur les deux années à venir. Conclusion simple mais claire : un chômage endémique ronge notre économie.

Figure 9 – Le taux de chômage a connu une hausse significative dans la plupart des pays après 2008

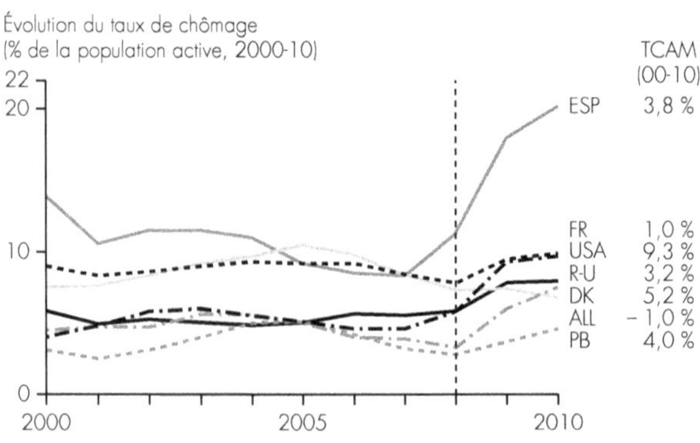

Source : BIT-Euromonitor International.

Le taux d'emploi constitue également un excellent indicateur du dynamisme du marché du travail. Il mesure la proportion des effectifs ayant un emploi parmi la population en âge de travailler, les 15 à 64 ans. En France, ce taux a peu varié entre 2003 et 2008 pour se stabiliser à 64,9 %. Sur la même période, il a progressé de 8,6 % en Allemagne pour atteindre 70,7 %, soit un taux équivalent à celui enregistré par le Royaume-Uni (source Eurostat). Il est important de noter que cette différence s'explique pour l'essentiel par les écarts importants observés chez les jeunes de moins de 25 ans et chez les seniors : en Allemagne le taux d'emploi des plus de 60 ans atteint deux fois celui de la France (35,1 % contre 16,3 % en 2008 – Eurostat). Autre caractéristique typiquement hexagonale : la proportion chroniquement élevée de chômeurs de longue durée – ceux privés d'emploi depuis plus d'un an – au sein de l'ensemble des actifs au chômage. Son niveau a progressé de 30 % en mai 2008 à 38 % en mai 2011. En valeur absolue, cela représente une hausse de 40 % en deux ans. Aujourd'hui, le chômage de longue durée frappe plus de 1,5 million d'individus. Il s'agit de l'un des plus forts taux enregistrés par l'OCDE. Comment ne pas s'en inquiéter.

Générations sacrifiées

En France, la productivité de la main-d'œuvre est affaiblie par la rigidité du marché du travail. Ce manque de fluidité se traduit par un niveau de chômage élevé qui frappe durement certaines catégories d'actifs. Si cet état de fait se retrouve un peu partout dans le monde, il semble que dans notre pays ce phénomène soit accentué. La situation s'avère particulièrement préoccupante pour les jeunes, les seniors et les populations peu ou insuffisamment formées et/ou résidant dans les zones urbaines sensibles (ZUS).

Le chômage des jeunes en France compte parmi les plus élevés en Europe. En 2011, 23 % des 15-24 ans recherchent un emploi. Il s'agit d'un niveau humainement inacceptable, économiquement et socialement critique et bien supérieur aux taux observés dans les autres grandes puissances européennes. Pour mémoire, le taux de chômage des jeunes atteint 19 % au Royaume-Uni et seulement 9 % en Allemagne et aux Pays-Bas. Notre système éducatif crée des « exclus de l'emploi » : chaque année, 17 % d'une même tranche d'âge en sort sans diplôme. Plus grave, 30 % d'entre eux pointent encore au chômage trois ans plus tard. Ce « défaut » d'insertion professionnelle renvoie à la problématique plus large de l'échec scolaire, mais traduit en outre le cruel manque d'ouverture du système éducatif français sur le monde de l'entreprise. La défiance réciproque qui en découle se manifeste notamment par la réticence de nombre d'employeurs à l'embauche des jeunes et la dépréciation chez ces derniers de la valeur travail. La France semble s'être enfermée en ce domaine dans un cercle vicieux et la prise de conscience qui alimente certains discours peine à se concrétiser dans les faits. Cette situation pose avec force la question de l'apprentissage et des formations en alternance. Trop peu de jeunes conjuguent en France leurs études avec un emploi. Ils sont moins d'un sur dix (9 %) à le faire, quand cela concerne un jeune sur deux aux Pays-Bas ou au Danemark.

L'emploi des seniors ne fait également guère recette en France. Une spécificité hexagonale si l'on se réfère aux données statistiques. Chômeurs ou retraités, ils battent des records d'inactivité. Le taux d'emploi des 55 ans et plus plafonne en effet à 39 % en 2011 quand il s'établit entre 55 % et 60 % dans la plupart des pays industrialisés. Le *gap* s'accroît encore si l'on considère les 60-64 ans : dans l'Hexagone, seul 16 % de cette tranche d'âge occupent un emploi, alors qu'ils sont 42 % dans la moyenne des pays de l'OCDE. On observe une chute brutale de leur taux d'emploi, sitôt atteint l'âge permettant d'accéder à une retraite à taux plein. Le phénomène revêt indéniablement une dimension culturelle. Toutefois, une série de dispositions réglementaires ou législatives ont amplifié ses effets : abaissement de l'âge de la retraite à 60 ans, systématisation depuis deux décennies de systèmes de préretraite extrêmement coûteux… La dévalorisation de la valeur travail ne concerne donc pas que les jeunes actifs. Côté employeurs, le recours aux seniors ne fait pas non plus partie de la culture d'entreprise.

Mais l'âge ne constitue pas le seul critère d'inégalité devant le travail. Le niveau de qualification impacte lui aussi sur le taux d'activité : la proportion de personnes à la recherche d'un emploi atteint 15 % parmi les non-diplômés. Autre réalité du chômage en France, géographique celle-là : près d'un habitant sur cinq (19 %) dans les zones urbaines sensibles n'a pas de travail.

Certes, la démographie de la France fait pâlir d'envie les autres nations européennes. À commencer par l'Allemagne dont la natalité donne des signes inquiétants d'asthénie. L'évolution projetée des courbes de la population hexagonale constitue un atout indéniable dont il convient de se réjouir. Pour autant, ses effets prévisibles sur le marché de l'emploi demeurent incertains, voire inquiétants, en particulier si les faibles taux d'emploi des jeunes et des seniors se perpétuent. En effet, la proportion des 25-54 ans, qui occupaient 79 % des emplois en 2009 dans la population totale va diminuer de 10 % d'ici à 2025. Conséquence : si l'activité économique du pays continue de peser massivement sur les épaules de cette tranche d'âge, le taux d'emploi va chuter, menaçant de ce fait la croissance et le financement du système de retraites, même après la réforme de 2010.

La « préca-sécurité »

Hétérogénéité des contrats de travail, flexibilité limitée, trappes d'inactivité, salaire minimum élevé… En France, le marché du travail présente un certain nombre de particularismes. Tropisme ou poids de l'histoire ?

Moins d'un contrat de travail en vigueur sur deux a été signé pour une durée indéterminée en 2010. CDD, emplois à temps partiel subi, intérim… l'instabilité – pour ne pas dire la précarité – devient souvent la règle dans l'univers du travail. Bien que la sécurité offerte par les CDI soit parfois toute relative, la montée en puissance de l'intérim, des contrats courts et des temps partiels subis entame la confiance des ménages, incite fortement à l'épargne et freine la consommation. La France s'impose ainsi – et ce n'est pas le moindre des paradoxes au pays des fameux acquis sociaux – comme la « championne du monde » de l'intérim et constitue l'un des principaux marchés pour les trois leaders mondiaux du secteur. Cette « dualité » du marché du travail limite indéniablement les gains de productivité et nuit de ce fait à la compétitivité des entreprises.

La culture sociale en France a toujours rimé avec haut niveau de protection des salariés. « Qu'elles soient saisonnières ou conjoncturelles, toutes les entreprises sont confrontées à des variations plus ou moins importantes de leur activité. Dans la plupart des pays développés, la réglementation du travail leur permet de s'adapter, dans une certaine mesure, à ces fluctuations : réduction d'effectifs, ajustement des salaires et/ou du temps de travail… », souligne un expert. En France, les contraintes administratives ne facilitent guère les successions d'embauches et de licenciements et les baisses de salaires sont globalement proscrites. Les dirigeants ne disposent essentiellement que de deux outils : l'annualisation du temps de travail et les heures supplémentaires. De ce fait, les emplois précaires et le recours à l'intérim explosent, témoins majeurs de l'insuffisante flexibilité de notre marché du travail.

Enfin, pour mémoire, vingt pays sur les vingt-sept que compte l'Union européenne, ont instauré un salaire minimum. Avec le SMIC (salaire minimum interprofessionnel de croissance) fixé à 1 365 euros bruts pour 35 heures, la France pointait au 1er janvier 2011 au cinquième rang européen des plus forts salaires minima, derrière le Luxembourg, l'Irlande, les Pays-Bas et la Belgique. Et loin devant le Royaume-Uni (1 139 € pour 39 heures), l'Espagne (748 €) ou encore la Pologne (349 €). Rappelons que le salaire mensuel minimum aux États-Unis s'élève à 940 € (selon la parité euro/dollar au 1er janvier 2011).

Figure 10 – Le salaire minimum français est un des plus élevés d'Europe, même ajusté en PPA

Salaire minimum brut mensuel pour les états de l'UE + Croatie, Turquie, USA (Janvier 2011, EUR, en PPA)

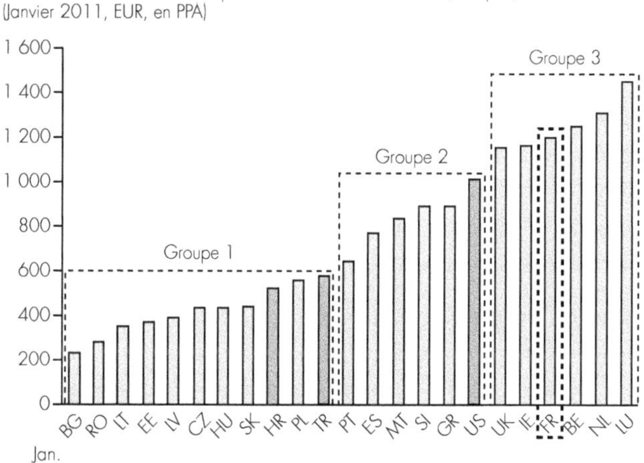

Source : Eurostat.

Pour un Grenelle du salariat

Flexibilité : le vocable fait souvent frémir dès qu'il s'applique au domaine de l'emploi. De quoi parle-t-on en réalité ? De fluidité du marché du travail, de réduction du chômage, d'augmentation du taux d'emploi ou encore d'adaptation de la masse salariale aux variations prévisibles ou non de l'activité des entreprises. Plutôt que d'effrayer certains, la question de la flexibilité mérite d'être appréhendée à bras-le-corps, sans tabous. Pour en tirer le meilleur parti au service de l'intérêt général.

Impossible d'évoquer la flexibilité du travail sans aborder l'épineuse question de la nécessaire réforme du Code du travail. Épineuse car cette législation ultra-protectrice est souvent considérée en France comme gravée dans le marbre par les pouvoirs publics et les organisations syndicales. Peu importe qu'elle date d'un autre temps, celui des Trente Glorieuses… Un temps où la croissance et le plein-emploi régnaient en maître et autorisaient la multiplication des avantages consentis aux salariés. Le monde a changé : le Code du travail doit être réformé. Il en va de la réduction du chômage et de l'intérêt commun de l'ensemble des salariés, que la surprotection de quelques-uns ne doit pas mettre à mal. En d'autres termes, il faut libérer le travail pour libérer l'emploi. Cela vaut surtout pour les PME qui sont – rappelons-le – les premières pourvoyeuses de postes dans l'Hexagone.

Il serait à ce propos hautement souhaitable de réorienter les politiques publiques dans quatre directions principales : la facilitation des embauches, la simplification du Code du travail, l'assouplissement du temps de travail, la sécurisation des parcours professionnels.

Faciliter l'embauche

Les contraintes qui pèsent sur les conditions de licenciement constituent le premier frein à l'embauche. Paradoxe ? absolument pas. En offrant aux entreprises – tout particulièrement aux PME – les possibilités réglementaires d'ajuster leur volume de main-d'œuvre à la réalité de leur activité, les pouvoirs publics délieraient leurs capacités d'embauche. L'effet sur le niveau du chômage sera encore plus important si ces mesures s'accompagnent d'une minoration des délais et des coûts de licenciements, surtout en temps de crise. De la même façon, la tendance à la « judiciarisation » des relations sociales au sein de l'entreprise fragilise la dynamique de création d'emploi. Pour un million de licenciements annuels, sept cent cinquante mille s'effectuent à titre personnel. Et l'on compte deux cent cinquante mille recours – soit près d'un tiers – dont environ 80 % sont gagnés par les salariés en première instance ! Les prud'hommes, en privilégiant ainsi quasi systématiquement les salariés, font peser un aléa juridique tel que les employeurs préfèrent avoir recours à des contrats précaires ou à l'intérim. Même si le contrat de rupture conventionnel a largement permis de flexibiliser le système, une réforme s'impose. Pourquoi ne pas envisager une professionnalisation des tribunaux, avec rôle consultatif pour les représentants élus syndicaux et patronaux ? Un aménagement certes onéreux mais garant d'un meilleur équilibre juridique dans ce domaine.

D'une manière plus générale, il s'avère urgent d'évaluer tous les dispositifs qui contraignent et/ou renchérissent le coût des recrutements afin de les simplifier, voire de les supprimer. La facilitation des prêts de main-d'œuvre, frappés aujourd'hui d'une complexité sans fondement, incitera elle aussi à la création d'emplois.

Enfin, les charges et contraintes inhérentes au maintien dans l'emploi des seniors influent négativement sur leur embauche. Les chiffres le démontrent avec force. Une tendance accentuée par le coût des départs à la retraite et des provisions qu'ils nécessitent.

Simplifier le Code du travail

Plans sociaux, réorganisations, chômage partiel, temps partiel, télétravail… La liste est longue des sujets sur lesquels le Code du travail se révèle inadapté. En particulier pour les PME. C'est pourquoi il conviendrait d'envisager la création d'une réglementation *ad hoc* ou, à tout le moins, la remontée des seuils et la révision concomitante des dispositions applicables à chacun d'entre eux.

D'autres simplifications, tout aussi nécessaires, s'adressent à l'ensemble des entreprises. Il en va ainsi des mécanismes de consultation des salariés, de la refonte de la médecine du travail, du contrôle des arrêts maladie, ou encore de la redéfinition des missions de l'inspection du travail. L'harmonisation des formalités administratives attachées aux différentes formes de contrat (CDD, CDI, intérim…) constituerait également une voie notable d'amélioration. Voire la création d'un contrat unique. Plus généralement, la réforme du code devra s'inscrire dans la perspective de création d'un droit du travail européen. Ce qui génèrerait une avancée majeure pour la compétitivité des entreprises et la protection des salariés. C'est pourquoi il apparaît essentiel que la France joue un rôle moteur dans sa construction. Que dire enfin de la complexité des bulletins de salaire. Leur complexité ne profite à personne, aussi pourquoi ne pas se fixer comme objectif une feuille de paye en 10 lignes maximum ?

Assouplir le temps de travail

En offrant aux entreprises la liberté de gérer le temps de travail sans contraintes excessives, la création d'emploi s'inscrira dans une dynamique nouvelle. Leur crainte de ne pouvoir adapter leur masse salariale aux fluctuations de plus en plus imprévisibles de leur activité constitue un frein important à l'embauche. De multiples voies peuvent conduire vers un assouplissement concerté du temps de travail. Pourquoi ne pas proposer la possibilité de négocier les conditions de travail au sein de chaque branche et/ou entreprise ? Dans une économie ouverte sur le monde et sujette à des variations majeures, chaque entreprise se trouve confrontée à des impératifs propres. Aussi, la réglementation excessive et souvent inappropriée de leur quotidien – horaires, flexibilité, travail dominical… – nuit gravement à leur capacité d'adaptation.

Le développement du temps partiel constitue un autre axe fort de progrès. En particulier, sa flexibilisation offrirait bon nombre d'opportunités de création d'emplois. De quoi s'agit-il ? De faciliter le recours au chômage partiel – aux PME prioritairement, leur capacité d'absorption étant réduite – et de partager le coût du non-travail entre l'entreprise et les pouvoirs publics pendant les périodes d'activité creuse. Cette approche moderne du travail partiel présente un triple avantage. Le salarié conserve son emploi et l'essentiel de sa rémunération en période d'inactivité. La prise en charge par l'État d'une part du salaire demeure temporaire et inférieure aux indemnisations classiques. L'employeur supporte certes une charge sans contrepartie factuelle mais économise les frais de licenciement, d'embauche et de formation. Un tel dispositif limiterait significativement le recours aux emplois précaires et lisserait dans le même temps les cour-bes du chômage.

Sécuriser les parcours professionnels

L'assouplissement des procédures de licenciement devra s'accompagner d'un programme national de sécurisation des parcours professionnels. Sa construction repose sur des mesures aussi simples à mettre en œuvre que le déve-loppement des aides à la mobilité géographique ou la généralisation de la « portabilité » des droits des salariés (prévoyance, formation, compte épargne temps…). Le raccourcissement de la durée de certains cursus initiaux permettrait aux jeunes d'entrer plus rapidement dans le monde du travail, améliorant ainsi leur taux d'emploi. En contrepartie, les entreprises pourraient leur offrir des opportunités accrues tout au long de leur vie. Afin de faciliter la réinsertion des demandeurs d'emploi, les pou-voirs publics devraient investir plus fortement dans leur formation et encourager les stages en entreprise. Enfin, la performance de Pôle Emploi dans le placement et le reclassement des chômeurs dispose de réelles marges de progrès.

En synthèse

Actions à court terme

• Réunir un « Grenelle du salariat » :

– « Libérer » la création d'emplois, avec plusieurs objectifs clés : adopter un principe de flexi-sécurité, privilégier les négociations sur la durée du travail par branches, mettre en place une sécurisation des parcours professionnels…

– Faciliter le recours au chômage partiel pour les PME en instaurant un système de partage du coût du non-travail entre l'entreprise et les pouvoirs publics pendant les périodes d'activité creuse.

– Fondre les CDI et CDD en un contrat de travail unique, simple et protecteur pour toutes les parties.

• Limiter les bulletins de paye à dix lignes maximum.

Actions à moyen terme

• Simplifier le Code du travail, notamment pour les PME (remontée des seuils, modalités contractuelles, simplifications administratives…) et l'inscrire dans la perspective d'un droit européen du travail.

• Réformer les Prud'hommes : professionnaliser les tribunaux en laissant toutefois un rôle consultatif aux représentants salariés et patronaux.

Chapitre 3

Pour une fiscalité de croissance

Autre moyen – et non des moindres – de soulager les entreprises et de redonner indirectement un nouveau souffle à l'emploi : réformer notre fiscalité. Elle repose sur un système complexe et inadapté que les pouvoirs publics peinent à réformer, faute de courage politique et de consensus national. Clignotants rouges grenat, déficits records, travail surtaxé… Il n'est que temps d'entrer dans la modernité.

Des fromages et des niches

Inégalité, complexité, lourdeur, inefficacité… Les Français n'aiment guère l'impôt ! Ces qualificatifs s'avèrent pourtant justifiés dès qu'il s'agit de fiscalité des entreprises. En France, la fiscalité des entreprises s'est construite par un empilement successif de taxes, d'impôts et de niches. La complexité de sa mise en œuvre se révèle fort coûteuse et alourdit le fonctionnement des organisations. Les entreprises, déjà condamnées à s'adapter aux mutations de leurs marchés, doivent en outre se plier à l'instabilité continue des réglementations en matière fiscale. Le taux nominal de l'impôt sur les sociétés y est plus élevé que dans la plupart des autres grandes nations européennes : son taux normal s'élève à 33 %, alors qu'il n'excède pas 28 % au Royaume-Uni ou encore 25 % au Danemark et aux Pays-Bas. Au palmarès des pays de l'Union européenne, la France se situe au troisième rang, derrière Malte et la Belgique. Seul le taux normal d'imposition sur les bénéfices supporté par les entreprises d'outre-Rhin est équivalent à celui appliqué à leurs voisines françaises, dans une fourchette de 30 % à 35 %, en prenant en compte les prélèvements effectués par les *länder*. Les deux pays viennent d'ailleurs de conclure en août 2011 un accord sur l'unification de leurs taux d'IS respectifs à l'horizon 2013. La comparaison mérite toutefois d'être relativisée, car en Allemagne, en raison de la prédominance des structures familiales, 87 % des entreprises sont assujetties à l'impôt sur le revenu !

Si l'on pousse l'analyse plus avant, l'impôt sur les sociétés se révèle peu productif et fortement inégalitaire. D'un montant annuel de l'ordre de 50 milliards d'euros de recettes brutes (33 milliards d'euros de recettes nettes), il représente environ 15 % des recettes fiscales brutes de l'État et moins de 1,5 % de son PIB – contre plus de 2 % en Espagne, au Royaume-Uni, aux Pays-Bas et au Danemark.

Ce faible rapport, mis en évidence par un rapport de la DGTPE du ministère des Finances, s'explique par l'étroitesse de l'assiette et la multiplicité des niches fiscales. Selon la même étude, du fait du jeu des déductions, le taux effectif moyen d'imposition des bénéfices en France s'élève réellement à 27,5 %. Mais il est très inégalement réparti : 39,5 % pour les PME contre 18,6 % pour les grandes entreprises et seulement 8 % pour les entreprises du CAC 40, selon des chiffres récents parus dans la presse !

Figure 11 – Le taux de prélèvement obligatoire en France compte parmi les plus élevés d'Europe

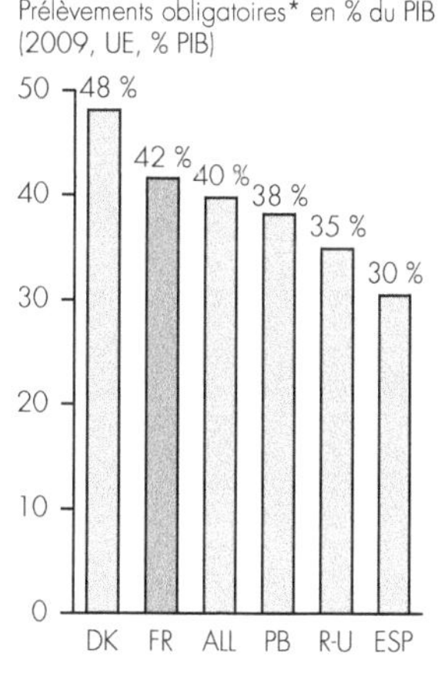

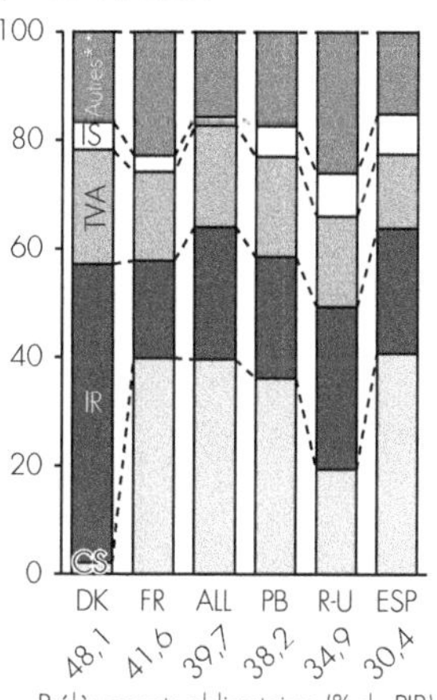

Source : Taxation Trends in the EU 2010 Eurostat.

IR : Impôt sur le revenu (en France contient la CSG pour faciliter les comparaisons internationales), IS : Impôts sur les sociétés, CS : Contributions sociales.
(*) Comprend tous les impôts : directs, indirects et les contributions sociales.
(**) Comprend, entre autres, la taxe foncière, les droits d'accises, la taxe sur les dividendes, etc.

Un privilège qu'un grand cabinet de conseil explique par divers facteurs : les grands groupes délocalisent volontiers une part de leurs profits à l'étranger et optimisent les réductions permises par les niches fiscales. Sans compter qu'ils bénéficient de dispositions spécifiques ainsi que d'un volume important d'intérêts déductibles du fait de leur fort endettement.

Évoquons maintenant le taux d'imposition implicite sur le capital, qui mesure le rapport entre le produit réel des impôts assis sur les résultats des entreprises et les revenus

Figure 12 – Le taux implicite de l'IS des PME monte à 39 % en incluant les sociétés déficitaires

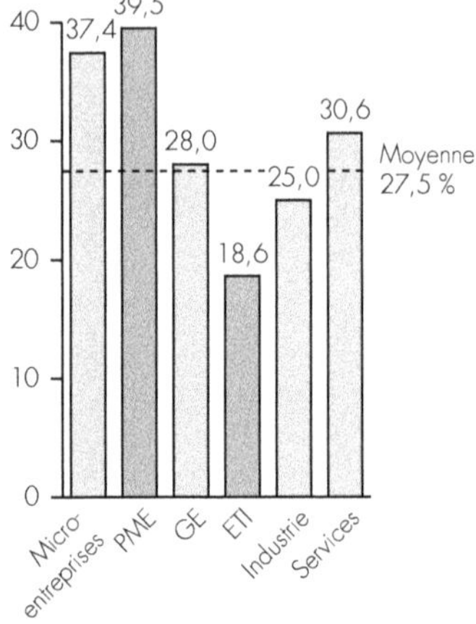

Note : * taux implicite de l'IS = IS réellement payé/Excédent net d'exploitation
(EBE − amortissements)

Source : DGTPE juin 2011.

du capital, d'une part, et les revenus globaux estimés du capital (entreprises et ménages cumulés), d'autre part. En France, ce taux s'élève à 39 % quand la moyenne européenne s'établit à un niveau voisin de 27 %. En Allemagne il est estimé à 23 %. Cette différence s'explique notamment par le fait que certaines taxes prélevées en France n'existent pas outre-Rhin (contribution sociale de solidarité des sociétés, droits de mutation…) et que les taux unitaires sont plus élevés dans l'Hexagone. À l'inverse, la France jouit d'un taux d'imposition explicite et implicite sur la consommation qui figure parmi les plus faibles d'Europe.

De la modernisation de l'impôt

Selon la fameuse courbe d'Arthur Laffer, « trop d'impôt tue l'impôt ». Impossible pourtant de raser gratis ! Modernité et efficacité : tels sont les maîtres mots de la réforme indispensable pour propulser notre système fiscal dans le XXIe siècle. Rien de bien compliqué en réalité… un peu de bon sens – et de courage – devraient suffire. Sans revenir sur le transfert inévitable d'une partie des cotisations sociales vers une TVA sociale et une CSG élargie, la fiscalité des entreprises se doit d'évoluer vers plus d'équité et de simplicité dans un dispositif national équilibré. Et également de cohérence à l'échelle européenne.

IS : taxer moins pour réinvestir plus

Dans le grand chantier fiscal qui attend la France, la philosophie de l'impôt sur les sociétés devra être repensée en termes de compétitivité. Équité, efficacité et productivité formeront l'ossature de la réforme. Équité tout d'abord entre les entreprises françaises en supprimant nombre de niches fiscales ou – à tout le moins – en limitant leur champ d'application. Conçues à l'origine comme des outils d'incitation, certaines apparaissent aujourd'hui comme un « fromage » réservé aux grands groupes et aux fiscalistes avertis. La part des niches fiscales et des mesures particulières de calcul de l'impôt (niches fiscales déclassées) est passée de 16 % des recettes fiscales en 2005 à 41 % en 2010 selon le Conseil des Prélèvements Obligatoires. Ajoutons qu'une simple évaluation de leur rapport bénéfice/coût conduirait dans nombre de cas à leur abandon pur et simple. Les modalités de suppression ou de limitation de ces niches et mesures particulières sont à définir au cas par cas, et doivent aller bien au-delà des 1,8 milliards d'euros prévus dans le plan d'austérité annoncé en septembre 2011 par le gouvernement (provenant principalement de la limitation des possibilités de report des déficits), par exemple en incluant rapidement les 2 milliards d'euros relatifs à l'IS de niches jugées inefficientes ou peu efficientes par le rapport de l'Inspection Générale des Finances ainsi qu'en restreignant significativement (sur le modèle allemand là aussi) la déductibilité des intérêts d'emprunts qui profite aujourd'hui en majeure partie aux grandes entreprises. Le montant de recettes supplémentaires pourrait ainsi être de plus de 8 milliards d'Euros par an ce qui correspondrait déjà à environ 5 points au moins de taux nominal d'IS.

Équité également entre entreprises européennes : l'harmonisation des taux nominaux des grands pays de l'Union s'avère inéluctable. C'est d'ailleurs le sens de la récente initiative franco-allemande en faveur d'un taux d'IS conjoint à l'horizon 2013. Nombre d'experts considèrent que leur convergence vers des taux de l'ordre de 25 % – si réinvestissement ! – serait à la fois accessible et juste. En France la baisse subséquente serait compensée par une efficacité et une productivité renforcées. L'impôt oriente certains choix des entreprises : le ciblage des dégrèvements fiscaux sur des dispositifs en faveur de l'exportation et de l'innovation favoriserait à coup sûr leur compétitivité. De la même façon, à l'heure où le niveau de distribution des bénéfices en France culmine parmi les plus élevés d'Europe, la fiscalité devrait inciter à leur maintien dans l'entreprise ainsi qu'à leur réinvestissement sur le territoire national. Productivité enfin. L'élargissement de l'assiette d'imposition et le « nettoyage » des dégrèvements permettraient de maintenir, voire d'améliorer, le rendement de l'impôt sur les sociétés.

Sim-pli-ci-té, sta-bi-li-té

La complexité et l'instabilité de la fiscalité des entreprises pénalisent au premier chef les PME. L'instauration d'un système d'imposition lisible et durable conduira à une plus grande égalité des contribuables devant l'impôt et permettra aux entreprises de définir sereinement leur politique de développement. L'État pourrait utilement s'engager, dans le cadre d'une plateforme fiscale, à la stabilité des règles d'imposition sur une durée significative. Principe qui dépasse le champ du seul IS et mériterait de s'appliquer à l'ensemble des impôts et taxes sur les entreprises. Le coût de collecte et de gestion de certaines taxes s'avère en effet très élevé au regard de leur rapport. Là encore des simplifications – voire parfois des suppressions – doivent être envisagées. D'autres innovations fiscales renforceraient elles aussi la compétitivité des entreprises. Pourquoi ne pas offrir par exemple la possibilité aux PME d'amortir une partie de leurs dépenses de fonctionnement (Opex : *operational expenditure*) dès lors qu'elles s'intègrent à des projets de développement ? Cette facilité pourrait être réservée aux secteurs d'activité à faible niveau de Capex (*capital expenditure*). Dans un tout autre registre, Bercy n'encourage guère l'épargne longue des ménages. Pourtant, son allocation – par des incitations fiscales – aux secteurs clé de l'économie constituerait un formidable vecteur de développement des PME.

La refonte des impôts des entreprises s'inscrit naturellement dans la perspective plus large de réforme de la fiscalité française et d'harmonisation des systèmes européens. Seule une parfaite cohérence entre les différents prélèvements garantira en effet l'efficience du futur dispositif au service de la croissance et de l'emploi. L'amélioration de la compétitivité des entreprises se trouve également conditionnée par l'atténuation de la concurrence fiscale qui sévit en Europe.

Rappelons ici en quatre points le tableau de l'évolution souhaitable de notre fiscalité. Premier axe : la nécessaire simplification de l'imposition sur le revenu des ménages devra s'accompagner de la mise en place du prélèvement à la source, gage d'efficacité et d'économies, à l'instar de ce qui se pratique en Allemagne. Dans cette perspective, les entreprises deviendraient acteur de la collecte de l'impôt ce qui impacterait sur leur gestion administrative et soulagerait les charges incombant à la collectivité. Deuxième point : ainsi qu'évoqué *supra*, l'élargissement de l'assiette de la CSG et l'instauration d'une progressivité des taux de prélèvement permettraient d'alléger des cotisations sociales déconnectées de leur objet. Troisième direction : une hausse modérée de la TVA, par l'alignement de son taux normal sur celui des grandes nations européennes, rééquilibrerait les niveaux implicites d'imposition de la consommation et du capital. Et les gains ainsi réalisés adouciraient la pression exercée par le financement de certaines politiques sociales sur le travail. Dernière orientation : il s'avérerait pertinent de placer la transmission des entreprises au cœur de toute réflexion sur la réforme de l'ISF et des droits de succession. En veillant toutefois à rééquilibrer le flux des richesses créées au détriment de celui des richesses transmises. La « culture de la rente » a en effet pris le pas ces dernières années sur la culture d'entreprise.

En synthèse

Actions à court terme

• Réformer l'impôt sur les sociétés dans trois directions :

– vers une plus grande équité entre entreprises et au niveau européen en baissant rapidement le taux d'IS de 5 points avec un objectif moyen terme d'harmonisation des taux d'IS en Europe à 25 % (dans l'esprit de la démarche franco-allemande), et en supprimant ou restreignant significativement en parallèle les dégrèvements ;

– vers une plus grande efficacité, en compensant le manque à gagner né de la baisse des taux d'imposition par la suppression de certaines niches, les moins efficientes ou les plus génératrices d'inéquité (dont le produit peut être estimé à plus de 8 milliards d'euros) ;

– vers une plus grande stabilité, en incitant l'état à s'engager dans le cadre d'une plateforme fiscale à figer les règles d'imposition dans la durée ;

• Augmenter la fiscalité effective des hauts revenus.

Actions à moyen terme

• Simplifier durablement la nomenclature des impôts sur les entreprises

• Inscrire cette réforme dans celle plus globale de la fiscalité française, dont les axes forts sont :

– la hausse modérée de la TVA ;

– l'élargissement des bases de la CSG ;

– le prélèvement à la source de l'impôt sur le revenu ;

– l'allégement des droits de succession sur la transmission des entreprises familiales.

Chapitre 4

État d'urgence : accélérer la réforme du secteur public

Répétons-le : pas de France AAA sans une compétitivité AAA de ses entreprises. L'inverse n'est pas moins vrai ! L'État en effet ne saurait manquer de s'appliquer à lui-même les conseils de rationalisation et de modération budgétaires qu'il prodigue au tissu économique et aux ménages. Ni s'exonérer de montrer l'exemple quand l'heure des sacrifices est venue. « Le service public ne doit plus apparaître comme un frein à la compétitivité. Ne jetons pas notre administration avec l'eau de la crise ! Adressons-lui au contraire un regard différent. Elle constitue en effet un formidable réservoir d'énergie, capable de s'ouvrir sur la production nationale, l'économie réelle. Une véritable chambre de régénération… » Il est rassurant de souligner l'optimisme de certains de nos dirigeants d'entreprises !

Le tonneau des Danaïdes

Le constat est là : les déficits de l'État s'accumulent depuis trente-cinq ans et le poids de la dette publique s'alourdit sans discontinuer. Portée par la décentralisation, celle des collectivités locales grossit ce flot bouillonnant. Le courant s'est fortement accéléré au début des années 2000. Déjà très préoccupante en 2008, la situation s'est brusquement dégradée avec la crise. En 2010, la dette publique de la France – rigoureusement dette brute de l'ensemble des administrations publiques françaises, qui correspond aux engagements financiers, sous formes d'emprunts, pris par l'État, les collectivités territoriales et les organismes publics français (entreprises publiques, certains organismes de Sécurité sociale…) – s'établissait à près de 1 600 milliards d'euros, soit 84,2 % du produit intérieur brut. Selon l'INSEE, elle s'est accrue de 54,9 milliards d'euros au cours du seul premier trimestre 2011, atteignant ainsi 84,5 % du PIB.

Figure 13 – Efficacité de l'État et des institutions publiques – Éléments d'analyse

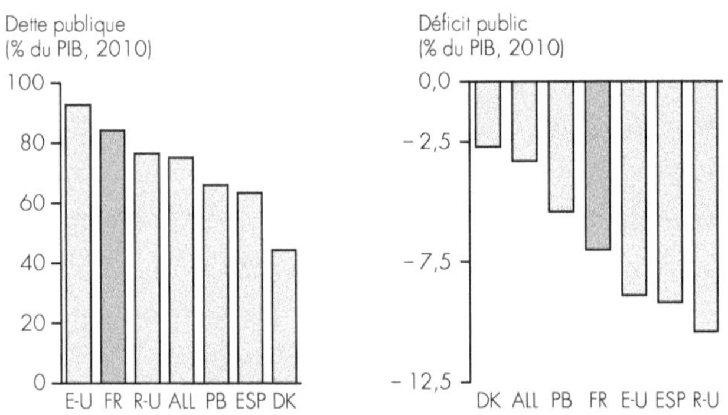

Source : FMI – Bureau des statistiques nationales – OCDE *via* Euromonitor/ Euromonitor.

Son niveau actuel – sans oublier celui à venir, lié à la démographie – crée un passif potentiel auquel nous n'avons jamais été confrontés de toute notre histoire récente. Pour mémoire l'endettement public français était inférieur à 64 % du PIB en 2007 ! Certains économistes ont tenté d'évaluer la capacité de notre pays à supporter une telle situation sur le long terme. Dans cette littérature, la dette française apparaît « difficilement soutenable ». La persistance de déficits publics et extérieurs élevés la dégrade chaque jour un peu plus, à l'heure où les entreprises requièrent un allégement des prélèvements. Surtout, sa charge – c'est-à-dire le paiement de ses intérêts – est en passe de devenir le premier poste budgétaire de l'État, devant celui consacré à l'éducation (11 %), et ce dès 2013. De 44 milliards d'euros en 2010, elle atteindra alors 57 milliards. Au total, un véritable mur d'endettement, qui plombe la compétitivité française. L'ensemble assorti d'un niveau record de prélèvements publics qui culminent à 44 % du PIB. D'où un « potentiel » fiscal particulièrement faible.

Comment la France en est-elle arrivée là ? Tout simplement en ne maîtrisant pas les dépenses publiques répondrait avec justesse Monsieur de La Palisse. Elles ont progressé en moyenne de 4 % par an depuis 2000, soit deux fois plus vite que les recettes. Pour ces dernières, la part des taxes assises sur le travail dans le total des produits fiscaux s'établit à 43 %. Un taux élevé si on le rapporte à la structure des dépenses auxquelles ces produits sont affectés.

Les coûts sociaux et de santé sont ceux qui ont enregistré la plus forte hausse depuis dix ans, avec une progression annuelle de l'ordre de 5 %. Le déficit annuel du régime général de la Sécurité sociale, qui inclut l'assurance-maladie, les retraites et les branches famille et accidents du travail des salariés du secteur privé, est estimé à 23,2 milliards d'euros en 2010. Soit en amélioration – toute relative ! – au regard des prévisions. Elle tient essentiellement à l'embellie – toute relative elle aussi ! – du marché du travail et à la réduction des dépenses de médecine de ville. Rappelons toutefois qu'en 2004 le déficit annuel des comptes sociaux n'était « que » de 11,9 milliards d'euros, soit deux fois moins qu'aujourd'hui. En 2011, il devrait s'établir à près de 30 milliards. Un record !

Figure 14 – Efficacité de l'État et des institutions publiques – Éléments d'analyse

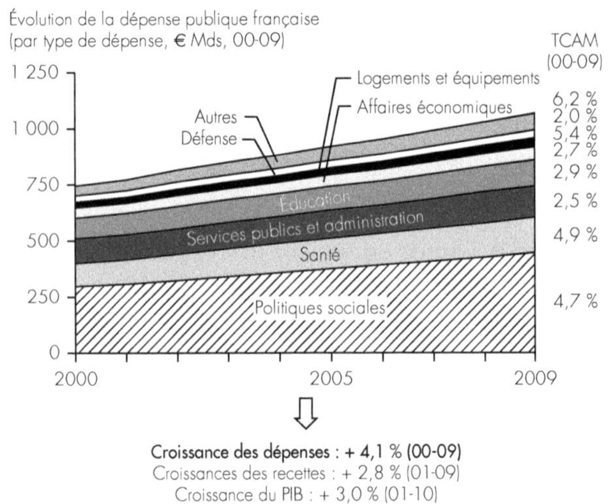

Source : Insee.

Note : les dépenses de l'administration publique incluent les dépenses de l'Etat, les administrations publiques locales et les organismes de Sécurité sociale.

La structure de gestion de l'État français reste, quant à elle, fortement marquée par l'importance de son taux d'administration. Avec quatre-vingt-dix emplois publics pour mille habitants, il se situe dans la moyenne supérieure des autres pays de l'OCDE. Tendance renforcée par le haut niveau de rémunérations.

Figure 15 – Un niveau de dépenses de rémunérations publiques généralement au-dessus de la moyenne de l'OCDE

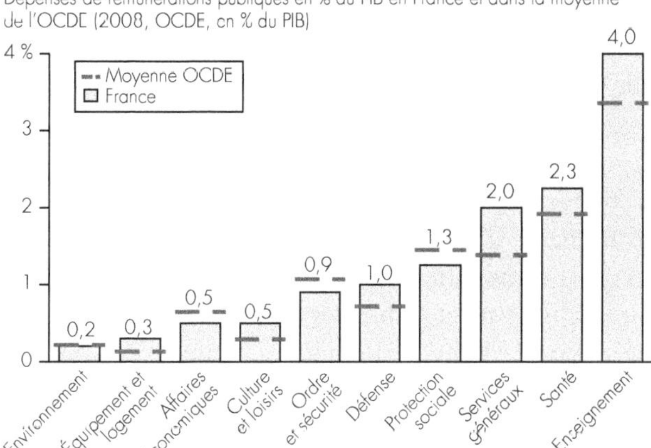

Source : « Tableau de bord de l'emploi public » CAE 2011, estimations Bain.

Surtout, la proportion excessive de fonctionnaires œuvrant en *back-office* traduit l'insuffisante efficacité de l'appareil étatique. Son corollaire : un taux d'emploi public particulièrement élevé. L'exemple de l'Éducation nationale est frappant : si le quota d'enseignants par habitant est dangereusement inférieur à la moyenne des pays développés, le nombre de fonctionnaires qui l'administrent atteint des niveaux records (près de 50 % des effectifs totaux).

Vers une révision générale des « pouvoirs » publics

Longtemps cantonnée aux débats entre spécialistes, la dette publique occupe désormais le devant de la scène. Confrontés à des déficits abyssaux, les États occidentaux sombrent dans le catastrophisme. Cette situation, amplifiée par la défiance des marchés, n'est pas sans conséquence sur la compétitivité de nos entreprises.

Entreprises et pouvoirs publics naviguent de fait sur la même embarcation. Ils forment un couple indissociable sur le chemin de la croissance. La crise va réduire significativement le potentiel déjà entamé des économies « développées » et élever le degré d'urgence des réformes structurelles des pouvoirs publics. Le rapport Attali 2 fixe à 40 milliards d'euros le seuil minimum des coupes franches qu'il conviendra de réaliser à très court terme. Sauf à puiser dans les recettes fiscales et jouer ainsi avec le feu de la déflation. Malheureusement, l'heure n'est plus à la modération, ni à une conduite lente du changement. Pourquoi dès lors ne pas se fixer comme objectif une économie de trois points de PIB, soit environ 60 milliards d'euros ? Maîtrise de la dépense publique, simplification administrative, clarification du rôle de l'État, efficacité de l'euro investi et reconsidération de la mission de l'État au service des entreprises : tels sont les axes majeurs de la réforme qu'il convient de mettre en œuvre.

Un triple A, sinon rien !

Mais « aller chercher » 60 milliards ne participe pas d'un « petit » effort ! C'est sur l'ensemble des fronts de la dépense publique que le gouvernement va devoir s'activer.

Premier chantier : la France vit un effet de ciseau caricatural en matière de politique sociale. Entre réduction des niveaux de protection et accroissement des déficits, aucune voie médiane ne saurait être empruntée sauf à s'enfoncer dans l'impasse ! Pour ne pas alourdir les prélèvements déjà élevés, les pouvoirs publics sont condamnés à agir sur les deux leviers qui – dans ce contexte de crise internationale – demeurent à leur disposition : la limitation des dépenses et le redéploiement des recettes. Réduction et/ou suppression de certaines prises en charge, recours accru aux médicaments génériques, développement de la prévention et de la « e-santé », poursuite de la rationalisation de la carte hospitalière, lutte contre la fraude aux arrêts maladies… la France dispose fort heureusement de marges de manœuvre en termes de dépense sociale. À l'autre extrémité du dispositif, deux idées se font jour : le développement des assurances privées et la réaffectation d'une partie des recettes affectées qui aujourd'hui pénalisent excessivement le travail (cf. *infra*).

Autre dossier : la poursuite « raisonnée » de la décentralisation et le désengagement programmé de l'État de nombre d'interventions peu efficaces. Prenons l'exemple de l'insertion : l'État a transféré ses compétences aux conseils régionaux mais garde la main sur certains pans. Ce qui brouille la lisibilité de l'action publique, nuit à son efficacité et induit des surcoûts évidents. Les partages de compétences se doivent d'être clairs et compensés par des dotations globales équilibrées. L'affirmation de priorités et l'harmonisation de dispositifs à l'échelon national peuvent être préservées dans le cadre législatif, à l'instar du RSA géré par les départements. Le fonctionnement de l'État et des collectivités s'est considérablement alourdi au fil des ans, au détriment de leurs dépenses d'investissement. La rentabilité de l'euro déboursé, son pouvoir « redistributif »… Le compte n'y est plus. Réduction et redéploiement des effectifs s'invitent dans l'agenda du gouvernement. En attendant le difficile débat sur le statut de la fonction publique…

Enfin, l'État ne saurait apporter des réponses à toutes les difficultés des Français. La culture de l'État providence a franchi les limites de l'économiquement supportable. La suppression ou la limitation de certaines dépenses qui installent une frange de la population dans l'inactivité ne pourra être évitée, en veillant toutefois à ne pas engendrer des drames humains. *Idem* pour la politique familiale héritée de l'après-guerre : il faudra bien un jour la conditionner aux niveaux de revenus.

La règle du « 1 pour 2 »

Boulimie textuelle, empilement des réglementations, multiplication des seuils et des exceptions… La France se nourrit d'une complexité administrative dont s'accommodent les grands groupes, au prix de la création de services dédiés, mais qui nuit à la performance des plus petites entités. Résultat : des coûts induits qui pèsent sur la compétitivité et sur les résultats. L'instauration de la règle du « 1 pour 2 » – un texte créé, deux textes supprimés – clarifierait considérablement la donne. Et pourquoi ne pas appliquer les principes du *lean management* à l'administration ? Un service de qualité plus rapide et moins coûteux. Accélération des processus de décision, respect des délais, limitation des possibilités de recours, évolution des règles consacrées aux marchés publics… Les marges de progrès ne manquent pas.

À tout le moins, il s'avère indispensable de limiter le nombre et la fréquence des déclarations administratives, de simplifier les formulaires et de les adapter à la taille des entreprises. TPE, auto-entrepreneurs… L'allégement des formalités a largement fait ses preuves. Dans le même esprit, les premiers pas effectués vers la constitution d'un

« dossier unique de l'entreprise » se révèlent trop timides. *Idem* sur le terrain de la dématérialisation des supports déclaratifs : l'administration française doit faire montre d'audace même – et surtout – si cela conduit à une économie sur les coûts de traitement des dossiers. Moins de matière et moins de personnel : voilà l'avenir !

La voie ouverte par la loi de modernisation du 4 août 2008 mérite également d'être explorée plus avant : le lissage des effets de seuil ne doit pas se limiter aux seules entités de moins de vingt salariés. Alourdies par le poids des ans, les « barrières » administratives freinent le développement des entreprises. Sur le parcours, nombre d'entre elles rechignent au franchissement des seuils, synonymes de complexité, d'obligations nouvelles et de coûts supplémentaires. Ce raccourcissement des circuits administratifs hexagonaux ne saurait être isolé du contexte européen. Les réglementations édictées par Bruxelles, souvent complexes dans leur formulation comme dans leur exécution, appellent une mise en cohérence systématique des textes nationaux et européens. Et que dire du risque d'empilage ! Le principe « Nul n'est censé ignorer la loi » pénalise fortement les entreprises qui ne disposent pas en interne d'un service juridique performant. C'est-à-dire la quasi-totalité d'entre elles ! Autre danger : la « sur-inflation » des normes européennes dans les domaines de l'environnement et de la sécurité participe en partie à notre désindustrialisation et contraint à l'excès la création de nouveaux sites de production. L'application sans discernement du principe de précaution aiguise elle aussi la tentation « délocalisatrice » de nos industries. La responsabilisation sociétale et environnementale des entreprises ne doit pas s'exercer dans un cadre réglementaire inflationniste et au final « inaccessible ».

Vers une RGPP 2.0

Efficacité accrue des pouvoirs publics rime avec clarification du rôle de chacun. La décentralisation a engendré un « mille-feuille » administratif qui sème le trouble sur les missions dévolues à chaque strate territoriale. Union européenne, État centralisé ou déconcentré, agences nationales, conseils régionaux et généraux, pays, communautés de communes, villes… Le financement d'un kilomètre de déviation d'une route « d'intérêt national » peut mobiliser aujourd'hui une légion de contributeurs ! Résultat : un gaspillage inégalé d'énergies, de procédures et de fonds publics. Sans compter le risque que l'absence totale de lisibilité fait peser sur la démocratie. Les réformes en cours sur le partage des compétences et la réorganisation politique des collectivités territoriales méritent d'aller à leur terme. Elles ne constituent qu'un premier élan vers plus de cohérence et d'efficacité. « Un responsable par politique publique » : cette règle devrait présider à la réforme en profondeur de nos institutions.

« Les succès de la révision générale des politiques publiques pourraient inspirer le lancement d'une "RGPP 2.0" élargie aux collectivités territoriales, aux secteurs de la protection sociale et à l'ensemble des opérateurs publics. Il convient cependant de poursuivre la mutation et de tirer tous les enseignements des déficiences constatées », suggère un consultant. Des exemples ? La centralisation de certaines fonctions ne doit pas se traduire par moins de souplesse dans la relation avec l'usager ou les services déconcentrés. La RGPP première mouture a souffert d'un déficit d'explication et d'accompagnement dans le changement : reclassements mal gérés, réorganisations internes approximatives… La direction est bonne mais il faut enrichir la méthode. D'autres insuffisances méritent d'être corrigées : il en va ainsi de la nécessaire évaluation bénéfice/coût des politiques de l'État.

Certains redécoupages des compétences ministérielles couvriraient plus efficacement la réalité de notre tissu économique. Avec huit cent cinquante mille entreprises, 70 % des créations d'emploi, 40 % de l'emploi marchand, dont 24 % pour les services aux entreprises et 11 % pour les services aux particuliers (source MEDEF), le secteur des services représente 75 % de la valeur ajoutée nationale. Or aucun ministère ne lui est spécifiquement dédié. Ne conviendrait-il pas de réparer cet anachronisme majeur en créant un ministère des Services de plein exercice ?

L'épanouissement du couple État/entreprises

Tradition française oblige : l'État campe sur toutes les lignes de front. Y compris sur celle de la compétitivité des entreprises. Point question ici de sujets centraux tels que la fiscalité ou le droit du travail, mais des subventions que la puissance publique dispense aux entreprises pour les aider à se créer, se développer, innover ou encore exporter. Elles gagneraient à être rationalisées, ciblées sur les PME et surtout sur les ETI, axées sur des programmes réellement incitatifs. La chasse à l'effet d'aubaine est ouverte ! C'est le cas en particulier des actions en faveur de l'exportation : l'indispensable coordination des multiples acteurs serait source d'efficacité accrue et d'économies substantielles. Le volontariat international en entreprises (VIE) avec Ubifrance mérite tout particulièrement d'être développé. De façon plus générale, la politique industrielle et de services de la France doit s'inscrire sur le long terme – il s'avère en effet essentiel de déterminer un cap durable – dans le cadre fixé par l'Union européenne.

Cette évolution harmonieuse du couple État/entreprises se révélera d'autant plus féconde que la relation s'exercera sur un mode professionnel et dans la compréhension réciproque. Le processus engagé par la DGME (Direction générale de la modernisation de l'État) va dans le bon sens et se doit d'être poursuivi et amplifié. L'innovation ne doit pas s'arrêter aux portes des services publics. D'ailleurs, le parcours professionnel des fonctionnaires ne devrait-il pas inclure des stages en entreprises ? Cela contribuerait utilement à la perméabilité public/privé.

En synthèse...

Actions à court terme

• Rétablir l'équilibre budgétaire et avec un objectif de réduction des déficits de 60 milliards d'euros. Pour cela, réduire les dépenses (limitation du rythme des dépenses de santé, désengagement de l'État de politiques inefficaces, concentration des moyens, poursuite de la décentralisation...) et redéployer les recettes.

• Poursuivre la révision générale des politiques publiques pour les trois fonctions publiques : lancement d'une RGPP 2.0 avec pour objectif d'alléger le « mille-feuille administratif », de rentabiliser chaque euro investi, de clarifier les compétences... Cette réforme devra s'inscrire dans une démarche hautement pédagogique et être assortie d'objectifs chiffrés.

• Instaurer effectivement la « règle du 1 pour 2 » (1 texte créé, 2 textes supprimés), clarification des compétences des différents services de l'État...

• Simplifier les démarches administratives des TPE et des PME : limitation du nombre et de la fréquence des déclarations administratives, création d'un dossier unique d'entreprise.

• Créer un ministère des Services de plein exercice.

Actions à moyen terme

• Introduire le management de la transformation au sein de la fonction publique pour favoriser son efficacité et une culture de l'évolution permanente.

• Limiter l'inflation des normes et harmoniser les dispositifs au niveau européen.

Chapitre 5

Développement des PME et ETI : un enjeu de taille

« Allongement des délais de paiement, difficultés à financer des stocks de matières premières toujours coûteux et à verser les salaires… » Thierry Million, responsable des études du groupe Altares, entamait ainsi dans l'Express.fr (novembre 2008) sa litanie des misères des PME au cœur de la tourmente. Un panorama d'autant plus inquiétant que chacun s'accorde à les considérer comme un moteur essentiel de la croissance et de la création d'emploi. Qu'en est-il en 2011, trois ans après le début de la crise ?

Small is not always beautiful

Le poids relatif des PME dans l'économie nationale se révèle bien plus faible en France qu'en Allemagne et d'une manière générale dans les grands pays développés. Selon le ministère de l'Industrie, de l'Énergie et de l'Économie numérique, le nombre des entreprises de moins de deux cent cinquante salariés s'élève à 2 043 000 en 2011. Elles représentent 59 % de l'emploi salarié et 63 % de l'emploi total, 53 % de la valeur ajoutée, 23 % des exportations et 36 % de l'investissement corporel. *Quid* des entreprises de taille intermédiaires (250 à 5 000 salariés et moins de 1,5 milliard de chiffre d'affaires) ? Fin 2009, on comptait quatre mille deux cents ETI en France. C'est deux fois moins qu'en Allemagne et qu'au Royaume-Uni. Et leur nombre a fortement chuté sous l'effet de la crise (− 6,5 % en deux ans). Une situation qu'Yvon Gattaz a ainsi décrite dans *L'Usine nouvelle* :

> *« Cela s'explique avant tout par le fait que les ETI représentent la catégorie d'entreprises la plus industrielle des quatre habituellement citées (grandes entreprises, PME, ETI et micro-entreprises). Or l'industrie regroupe des secteurs particulièrement touchés par la crise, à l'instar de l'automobile. À cela s'ajoute le fait que les ETI sont fortement exportatrices. Elles réalisent un tiers des exportations françaises, devant les grandes entreprises. Or, durant la crise, le chiffre d'affaires des entreprises françaises à l'exportation a reculé de 17 %, soit près du double de celui des autres entreprises. »*

Derniers chiffres afin de situer le débat : les grandes entreprises françaises emploient 9 % des salariés, réalisent 40 % du chiffre d'affaires total des entreprises, 52 % des exportations et 62 % des investissements en R&D.

La prépondérance de ces grands groupes dans l'économie française résulte d'un faisceau de facteurs. Les PME et ETI, le plus souvent familiales, se heurtent aux difficultés humaines, financières et fiscales inhérentes à la transmission. Une réalité qui conduit dans beaucoup de cas à leur absorption par une entreprise de taille supérieure. Franchissement de seuils sociaux et réglementaires, complexité et instabilité du cadre législatif, rigidité du marché du travail… Les obstacles se succèdent sur le chemin de leur développement. Sans oublier qu'avec un taux réel d'imposition sur les bénéfices de l'ordre de 30 %, elles sont fortement pénalisées en comparaison des grands groupes qui ne sont prélevés qu'à hauteur de 18 % en moyenne – et même 8 % pour ceux du CAC 40. L'ouverture des marchés publics aux PME s'avère également très insuffisante. En 2006, seuls 12 % du montant de ceux attribués par l'État l'ont été à des entreprises petites ou moyennes. Aux États-Unis, cette proportion atteint 23 % au niveau fédéral. Dernier facteur, et non des moindres, les PME se trouvent confrontées à de graves difficultés d'accès au financement de leurs investissements et de leurs besoins en fonds de roulement.

À cet égard, revenons un instant sur les rôles des banques. Les désordres actuels démontrent à quel point le mélange des genres parfois pratiqué à grande échelle par certaines d'entre elles peut devenir toxique pour l'économie. La spéculation sur les dettes souveraines et la vente de produits financiers adossés sur des actifs douteux n'auront non seulement jamais créé de valeur (ce que gagne les uns est perdu par les autres), mais auront au contraire contribué à une dégradation de l'économie réelle (capacité de financement des entreprises, notamment des PME, et renchérissement du crédit). Certains Etats ont une responsabilité importante dans ce domaine car ils ont laissé faire et encouragé ces pratiques. Au bout du compte, on a oublié que les banques ont un rôle de service public essentiel pour assurer l'irrigation régulière des besoins des acteurs économiques. Il apparaît donc essentiel de revenir à une réglementation séparant clairement les banques de "détail" destinées aux financements classiques des entreprises et des particuliers et les banques "d'investissement" effectuant des opérations à risque élevé avec les ressources en provenance de leurs actionnaires et de leurs clients. Toutefois une telle réglementation n'a de sens que si elle est appliquée au niveau international, et nécessite donc au minimum une approche européenne.

Libérer l'énergie de nos entrepreneurs

Véritables poumons des économies développées, les PME et ETI représentent un réservoir inégalé de croissance et de création d'emplois. On le constate chez notre voisin allemand, souvent cité en exemple à ce titre. Quels verrous la France doit-elle faire sauter pour libérer ces énergies ?

Un *Small Business Act* à la française ?

La nature même des spécificités des PME et ETI nécessite d'envisager des dispositions taillées à leur mesure. À l'instar des initiatives prises dès 1963 au niveau fédéral par les États-Unis, pourquoi ne pas imaginer un *Small Business Act* ? L'idée fait son chemin en Europe, en particulier sous l'impulsion de la dernière présidence française. Le rapport remis à cet effet par Lionel Stoleru décline une série de propositions intéressantes. Certaines d'entre elles mériteraient, à l'instar d'autres initiatives, d'être concrétisées sans délai à l'échelle nationale. La reconnaissance du rôle crucial des petites et moyennes entreprises dans notre économie passe tout d'abord par la création d'une Agence nationale des PME. Sa mission pourrait s'articuler autour de trois priorités : facilitation de l'accès au crédit ainsi qu'aux marchés publics et simplification des démarches administratives.

Le financement des PME et de la création d'entreprises s'impose en effet comme l'une des clés de voûte de la croissance. Les difficultés rencontrées en France en ce domaine freinent considérablement les énergies et les initiatives. Pourtant les outils ne manquent pas : fonds de garantie mutualisés, fonds communs de placement à risque, cautions financières… Le renforcement du rôle d'OSÉO et de la COFACE dans le développement des PME constitue une autre voie de progrès. La valorisation de fonds d'investissement « patients » au travers d'incitations fiscales ou des facilités de réinvestissement s'avère, elle aussi, indispensable. Pour compléter le dispositif, il serait opportun de « muscler » le contexte réglementaire d'intervention des banques et des compagnies d'assurances auprès des PME, au bénéfice de ces dernières.

Les marchés publics représentent aussi un débouché majeur pour les petites et moyennes entreprises. Les statistiques d'attribution démontrent pourtant la profonde inégalité du système au profit des grandes entreprises, mieux armées en ressources humaines et financières pour imposer leurs offres. Sur le modèle américain, l'institution de quotas réservés aux PME dans l'octroi des marchés publics – ceux de l'État comme ceux des collectivités territoriales – rééquilibrerait avantageusement la donne. La réduction concomitante des délais de paiements – en particulier de ceux de l'État – produirait également des effets positifs.

Les marchés passés par les entreprises publiques sont logés à la même enseigne. Ainsi que le précise un consultant spécialisé dans ce domaine :

> *« Les appels d'offres des entreprises publiques ont été réformés pour permettre en théorie une concurrence ouverte et régulière entre les entreprises candidates. En pratique, les règles sont devenues difficiles à appliquer, parfois coûteuses à respecter.*

> *Elles nuisent ainsi à la mise en œuvre de solutions efficaces quand l'objectif premier de lutte contre les "habitudes" et la collusion s'avère rarement atteint ! »*

Enfin, les complexités administratives pénalisent les plus petites structures. Faute de moyens, elles ne disposent pas en effet de personnel dédié et/ou de réseaux professionnels leur permettant d'assurer une veille réglementaire performante et le montage de dossiers pertinents. En dépit des nombreuses initiatives prises depuis une décennie, cette inégalité devant l'information, les avantages fiscaux et sociaux, les financements publics ou encore les formalités administratives perdure. Seule la création au sein de l'Agence nationale des PME d'un guichet unique d'information – relayé le cas échéant par les organisations consulaires – permettrait de résoudre cette réelle difficulté.

Terreaux d'innovation

Les entreprises intermédiaires, on l'a noté, disparaissent dangereusement du paysage économique français. L'objectif d'accroître leur nombre de 25 % en cinq ans – soit une augmentation de l'ordre de 1 000 entités – semble certes ambitieux mais réaliste. Le vote d'un *Medium Business Act*, version ETI du *Small Business Act*, contribuerait efficacement à sa réalisation. Mais la « réhabilitation » des PME/ETI ne peut s'inscrire que dans un environnement réglementaire propice. C'est ainsi que les seuils et plafonds qui encadrent les dispositifs fiscaux et sociaux devront être revisités, afin d'en faire principalement bénéficier les ETI. Réorienter l'épargne longue vers l'industrie, favoriser le capitalisme familial garant de stabilité, limiter les risques personnels des dirigeants… Autant de pistes qui renforceront le nombre et le dynamisme de ces structures médianes. Sans omettre la facilitation du recours au conseil qui participera à la création de valeur additionnelle.

Les PME et ETI constituent en effet un formidable terreau d'innovation. Faute de moyens, leurs capacités d'imagination se trouvent parfois brimées. Quelques mesures simples permettraient pourtant de libérer cette énergie créatrice. Elles apparaissent les mieux placées pour industrialiser des brevets inexploités ou des innovations délaissées par les grands groupes, au motif par exemple que leurs débouchés commerciaux s'avèrent trop restreints. D'où l'importance d'instaurer des incitations fiscales et/ou financières à l'essaimage et aux transferts de technologies. Question moyens, la mutualisation des services de *back-office* des PME/ETI innovantes à l'échelle d'une région ou d'un pôle de compétitivité offrirait assurément de nouvelles perspectives. L'amélioration des systèmes d'information et d'échange compléterait avec pertinence l'ensemble du dispositif.

En synthèse...

Actions à court terme

• Initier un *Small Business Act* pour faciliter la création et le développement des PME, moteurs de la croissance :

– créer une Agence nationale des PME dotée d'un guichet unique pour simplifier les formalités administratives et améliorer la circulation de l'information ;

– favoriser le financement des PME *via* des « fonds patients », des fonds de garantie et le renforcement des missions d'Oséo et de la Coface ;

– garantir aux petites et moyennes entreprises un seuil d'ouverture aux marchés publics.

• Lancer un *Medium Business Act* à la française pour encourager la création de 1 000 ETI en 5 ans, en instaurant un environnement réglementaire propice favorisant le capitalisme familial : transmission, ouverture du capital, développement à l'international...

• En concertation avec les pays européens, et plus largement avec les grandes puissances économiques, établir une nouvelle réglementation bancaire, séparant clairement les établissements chargés du financement traditionnel des entreprises de ceux habilités à prendre des risques de grande ampleur.

• Encourager, au profit des PME, des dispositifs tels que le crédit impôt recherche.

Actions à moyen terme

• Favoriser le développement des PME/ETI innovantes : incitations fiscales, accès aux brevets, mutualisation des services de *back-office*...

• Engager des réformes innovantes en permettant par exemple aux PME d'amortir une partie de leurs dépenses de fonctionnement liées à un programme de développement.

Partie 3

INVESTIR DANS LES HOMMES ET LA CONNAISSANCE POUR LA COMPÉTITIVITÉ DE DEMAIN

Économie de la connaissance : le grand mot est lâché ! Fruit de la convergence entre l'accroissement du poids de l'immatériel – ou capital intangible (savoirs, ressources humaines, créativité, communication…) – dans les facteurs classiques de production et l'explosion des nouvelles technologies de l'information, elle a imposé l'innovation et l'adaptation comme conditions premières de la compétitivité. Il est donc urgent de permettre aux entreprises françaises de mieux « recevoir », produire et partager cette manne. Ce qui passe par cinq biais principaux : l'éducation, la formation, la R&D, le dialogue social et les infrastructures, notamment numériques.

Chapitre 6

Quand l'Éducation nationale s'éveillera

Les entreprises n'assument pas directement la charge de la formation initiale. C'est tellement vrai que, de l'école au secondaire et parfois jusqu'à l'université, les mondes du travail et de l'éducation s'ignorent. Une situation d'autant plus étrange que la performance de notre enseignement participe grandement à celle de nos entreprises. Cette absence de « porosité » tient certainement aux traditions jacobines de nos institutions. À l'héritage de l'histoire, donc. Sans doute participe-t-elle également de l'idée — aujourd'hui révolue, mais qui a longtemps prévalu — selon laquelle notre système éducatif compte parmi les meilleurs au monde. À quoi bon, dès lors, s'en préoccuper ? La donne a changé. D'échecs en désillusions, l'éducation nationale concentre un flot inégalé de critiques.

À l'école de la modestie

L'éducation de la jeunesse d'un pays est chose très difficile. C'est un fait. Pour autant, le système éducatif français, longtemps considéré comme le plus performant au monde, éprouve les plus grandes difficultés à se réformer.

Une question de moyens ? Pas seulement car le budget du ministère de l'Éducation nationale pointe toujours au premier rang des dépenses de l'État. Aujourd'hui, de l'école primaire à l'université, les voyants virent au rouge. Résultat : le niveau moyen des élèves cède du terrain à l'aune des standards internationaux, le corps enseignant témoigne d'un profond malaise et le fossé entre le monde de l'éducation et celui de l'entreprise peine à se combler.

Jules Ferry est bien mort

Dans l'enseignement primaire et secondaire, les difficultés apparaissent au grand jour et font l'objet de débats incessants. Pourtant rien ne change. Personne n'ignore cependant que les taux de redoublement en France atteignent des niveaux préoccupants : en 2010, 38 % des élèves de troisième accusaient au moins un an de retard. La performance de nos élites – elles portent bien leur nom tant leur nombre est restreint – ne saurait dissimuler le fait que 20 % d'une classe d'âge connaît l'échec scolaire. C'est deux fois plus que dans toutes les autres grandes nations industrielles. Plus grave, au pays de Jules Ferry, les inégalités devant l'éducation vont croissantes : les enfants issus de milieux et/ou de quartiers défavorisés forment l'essentiel des effectifs que le système scolaire laisse au bord du chemin. D'autant que le poids élevé de la dépense publique dans les ressources consacrées à la formation initiale – 6 % du PIB, relevant principalement d'un effet volume – constitue une autre source d'inquiétude. Le récent rapport de l'OCDE sur l'éducation pointe en particulier le déséquilibre dans la répartition des dépenses par élève qui sont 14 % inférieures à la moyenne OCDE dans le primaire et 12 % supérieures à la moyenne dans le secondaire, ainsi qu'une dépense globale n'ayant augmenté que de 7 %

entre 2000 et 2008 contre plus de 30 % dans les pays développés européens, et des salaires moyens des enseignants significativement inférieurs à la moyenne OCDE.

Figure 16 – Éducation et formation : Éléments d'analyse

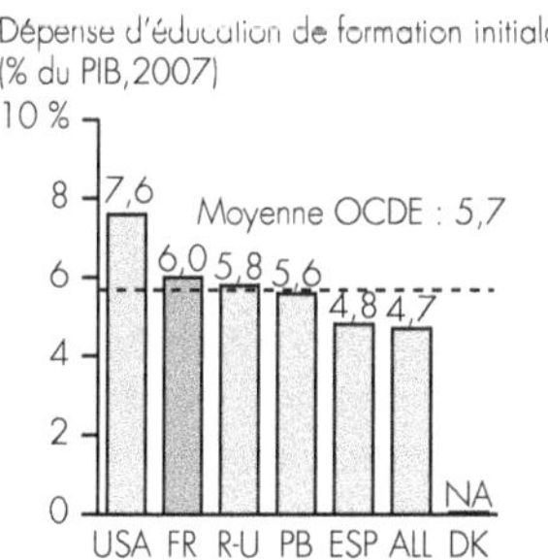

Source : OCDE : « L'État de l'école », ministère de l'Éducation nationale, 2010.
(*) Comprend les dépenses de formation élémentaire (primaire), secondaire (collège + lycée) et supérieure, à l'exception des dépenses de formation continue (~ 0,7 % du PIB en France).

Deux situations illustrent parfaitement l'incapacité de l'Éducation nationale à se réformer. L'intensification des rythmes scolaires répond à la lente mais régulière diminution du nombre de jours de classe : cent quatre-vingts en France contre plus de deux cents dans la plupart des autres pays (deux cent huit en Allemagne et cent quatre-vingt-dix au Royaume-Uni). Temps de travail trop concentrés, programmes surchargés et donc survolés ou inachevés, plages insuffisantes consacrées aux activités sportives et à l'ouverture sur le monde professionnel… Ces vérités sont partagées par une majorité de Français. Autre exemple éclairant : la sacralisation du baccalauréat – dont chacun reconnaît désormais la modestie du prestige – participe de l'aveuglement et nuit gravement à l'attractivité des cursus professionnels. Mais qu'importe, sa réforme n'est sérieusement envisagée que dans les journaux.

Les dirigeants d'entreprises s'inquiètent de cette situation. Comme le souligne l'un d'entre eux :

> *« Plus de 140 000 jeunes – 25 % d'une classe d'âge – sortent chaque année du système éducatif sans réelles compétences ! Bientôt, ils seront des millions. Une véritable bombe sociale… L'école prépare de moins en moins à l'emploi. Cela a toujours été le cas mais il existait auparavant des débouchés pour les jeunes non qualifiés. Ce n'est plus le cas. Aujourd'hui, le fossé se creuse au grand jour. C'est à l'entreprise de prendre le relais et de compenser, via la formation professionnelle, le désintérêt patent de l'Éducation nationale pour les filières professionnelles. »*

Enseignement supérieur : le syndrome de Shanghai

Chaque année, la France dépense un peu plus de 10 000 euros pour chacun de ses étudiants. C'est moins que pour les lycéens et à peine plus que pour la moyenne des élèves du primaire et du secondaire. Et la disparité entre les filières reste toujours aussi éclatante : un élève de classe préparatoire coûte 1,5 fois plus cher (13 880 euros) qu'un de ses congénères de licence (8 970 euros en moyenne) ou en IUT (9 020 euros). Un écart qui tend fort heureusement à s'amenuiser. Si l'on se tourne vers l'extérieur, l'effort financier national par étudiant s'avère légèrement inférieur à celui de la moyenne des pays de l'OCDE. Autre comparaison révélatrice : le « prix » d'un étudiant américain est 2,4 fois supérieur à celui d'un Français !

Mais oublions un instant les chiffres. Nous souffrons en effet plus de tétanie que d'insuffisance de moyens. La réforme en cours des universités le démontre : tardive-

Figure 17 – Éducation et formation – Éléments d'analyse

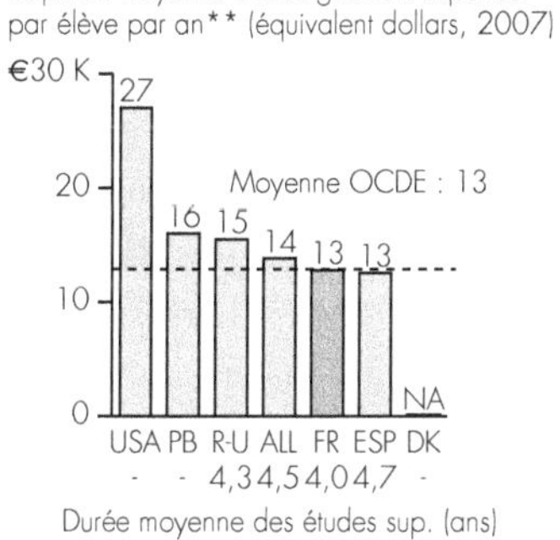

Source : OCDE : « L'État de l'école », ministère de l'Éducation nationale, 2010.
(*) Comprend les dépenses de recherche-développement (recherche, personnel et investissement).

ment mise en œuvre tant les tentatives de blocage se sont succédé, elle témoigne dès à présent de progrès significatifs. Tant et si bien qu'aujourd'hui plus personne n'ose la remettre en cause. L'ouverture de ces établissements sur le monde de l'entreprise a notamment enregistré dans ce cadre des avancées notables. Les campus sont appelés à devenir des terreaux d'innovation, des lieux privilégiés de rencontre et d'échange continus entre les étudiants, les chercheurs et les entreprises. Toutefois le chemin est long.

Le classement académique des universités mondiales – ou classement de Shanghai – incite les écoles et universités françaises à la plus grande modestie. L'inquiétude soulevée par la faiblesse de leur niveau et de leur réputation à l'échelle internationale a largement présidé à la création des PRES (pôles de recherche et d'enseignement supérieur). Malheureusement leur réussite n'est pas encore patente car, comme le souligne un responsable universitaire, « des dysfonctionnements au sein de ces pôles les empêchent d'avoir une portée vraiment internationale. L'université d'État, malgré les réformes mises en œuvre, porte encore à ce jour l'héritage de la prépondérance de la recherche fondamentale sur la recherche appliquée. L'autonomie des universités françaises a introduit *de facto* une concurrence entre les entités. Il faut espérer qu'elle initie un cercle vertueux entre le monde de l'entreprise et celui de la recherche, à l'instar du modèle universitaire américain : la sphère privée finance en totalité ou en partie la recherche universitaire, qu'elle soit publique ou privée. Ce modèle qui prévaut en partie déjà au sein des Grandes Écoles devrait, et c'est bien là un des objectifs principaux de la réforme du statut des universités françaises, s'étendre à l'université publique ».

L'union fait la force

La concurrence n'exclut pas la coopération. Or nos écoles et nos universités peinent parfois à unir leurs forces pour créer de véritables pôles de compétence offrant une réelle visibilité à l'échelle planétaire. De même, l'internationalisation des cursus s'avère trop timide, en dépit des effets très positifs d'Erasmus. Peu d'institutions françaises peuvent se targuer d'entretenir des partenariats suivis avec les plus grandes universités des États-Unis ou d'Asie.

Si l'on scanne rapidement l'évolution des filières, deux phénomènes majeurs retiennent l'attention : les sciences sociales produisent toujours un nombre important de diplômés – en dépit d'un pourcentage élevé d'échecs à l'issue des deux premières années de faculté – quand les débouchés demeurent plus qu'incertains. A-t-on vraiment besoin des dizaines de milliers d'apprentis psychologues qui s'inscrivent à chaque rentrée universitaire en première année de licence ? À l'inverse, la pénurie d'ingénieurs dans l'industrie et les services se double d'une diminution des places offertes dans les classes préparatoires scientifiques. Ajoutons qu'en termes de contenu des enseignements, certaines lacunes clairement identifiées peinent à être comblées dans les faits. Il en va ainsi de la déficience reconnue des ingénieurs français en management : elle continue de porter ombrage à leur excellente réputation technique et scientifique. Enfin, l'enseignement supérieur en France ne brille pas par sa diversité sociale, tout particulièrement dans ses grandes écoles. Héritage du système scolaire, coût, système de sélection… les causes sont multiples. Conséquence : la France se prive de talents et l'image de son système éducatif en pâtit.

Un « plan Marshall » pour notre système éducatif ?

Statut des enseignants, rythmes scolaires, parcours individualisés… L'avenir de l'éducation nationale, on l'a vu, occupe désormais le cœur du débat. Sur ces sujets, Marcel Pochard, auteur d'un Livre vert remis au président de la République en 2008 affirmait ainsi récemment dans *Le Monde* : « Il faut une nouvelle définition du métier d'enseignant… » Et de proposer de passer un contrat avec eux : suppression des gestions de carrière *via* un barème national, développement de la rémunération accessoire, réflexion sur les temps de présence − fixés par décret en 1950 ! −, refonte des missions… L'heure d'un « plan Marshall » a-t-elle sonné ?

À l'analyse de la situation, deux priorités – liées au monde économique – se dessinent : éradiquer l'échec scolaire et mieux préparer élèves et étudiants au monde du travail. Vaste programme, diront certains. Qu'importe, il est urgent de réagir. D'autant que les fruits d'une réforme en profondeur de notre système éducatif mûriront lentement. Le temps d'une génération au moins.

Et si l'entreprise s'asseyait sur les bancs de l'école ?

L'échec scolaire prend ses racines à l'école avant d'apparaître au grand jour dans le secondaire. L'Éducation nationale devrait investir sérieusement dans la recherche et le développement : analyser sans tabou ses faiblesses, s'inspirer de ce qui fonctionne ailleurs, réformer ses techniques d'enseignement, son mode d'administration et ses rythmes scolaires, repenser la formation initiale et continue des enseignants, mieux les accompagner dans leurs premiers postes – en évitant de leur confier d'emblée les plus difficiles… Le chantier est immense. Il requiert du courage et de la constance.

L'enseignement constitue l'un des ciments de la nation. À ce titre, il doit inculquer à chacun les savoirs fondamentaux – lecture, écriture et calcul – ainsi qu'un socle commun de culture générale. Il prépare certes le plus grand nombre vers des formations supérieures. Mais néglige étonnamment les filières professionnelles. Comme si les métiers manuels étaient dévalorisants. Comme s'il y avait d'un côté le monde de l'école et de l'autre celui de l'entreprise. Cette frontière, il est essentiel de l'ouvrir. Cela passe par un certain nombre de dispositions simples : développer par exemple l'apprentissage des langues étrangères – la France se singularise sur la scène internationale par son faible niveau en ce domaine – ou encore un enseignement de l'économie, moins théorique et plus proche des réalités de la vie active. Pourquoi ne pas imaginer une intervention soutenue des managers dans les établissements scolaires ? Et la généralisation des stages d'immersion rapprocherait plus encore les jeunes du monde du travail. Mais cela n'est pas suffisant. Si la France veut relever le défi d'une réussite scolaire retrouvée, elle n'échappera pas à l'impératif de revalorisation effective des filières professionnelles.

La fabrique des déclassés

Le développement de l'apprentissage et des formations en alternance se situe à coup sûr au premier rang des vœux pieux qui inondent les discours de nos gouvernants. Traduction sur le terrain : néant. Ou si peu. Plus que d'une réforme institutionnelle c'est d'une révolution culturelle dont il s'agit. Les élites françaises ont longtemps, dans les mots comme dans les faits, tourné le dos aux cursus manuels. L'objectif de conduire 80 % d'une classe d'âge au baccalauréat, aujourd'hui atteint, donne les résultats que l'on sait : une armée de déçus à qui l'on a expliqué que les métiers de leurs parents étaient dévalorisants, qu'en se formant, ils deviendraient des cols blancs ! Et un nombre considérable de vocations contrariées qui alimentent les chiffres du chômage et font défaut à l'industrie française.

L'orientation des jeunes ne doit pas s'opérer en fonction de la spécialité des enseignants ou des équipements disponibles dans les établissements, mais en fonction des besoins réels de l'économie. Et pourquoi ne pas rendre obligatoire l'apprentissage (ou les formations en alternance) pour ceux qui souhaitent ou doivent quitter l'enseignement traditionnel ? Cela suppose de simplifier les mécanismes de recrutement, d'adapter les rythmes de présence dans les établissements à ceux de la vie en entreprise, de baisser – voire de supprimer – les charges sur les apprentis sans qualification et d'instituer des mesures fiscales incitatives pour encourager l'embauche des jeunes après obtention du diplôme. « La mise en place de la taxe d'apprentissage a libéré l'entreprise de son devoir d'intégration des jeunes et de formation », s'inquiète un responsable patronal. Le sujet revêt également une dimension psychologique. Et le même de poursuivre : « En France l'apprenti est sous contrat avec l'Éducation nationale et part en stage en entreprise ; en Allemagne, l'apprenti est salarié de l'entreprise et va à l'université pour se former. » Par-delà les mots, nous sommes bien en présence de deux conceptions radicalement différentes de la formation des jeunes.

L'intérêt « supérieur » des universités

La réforme en cours place les universités françaises sur de bons rails : soixante-quinze d'entre elles avaient franchi le pas de l'autonomie au 1er janvier 2011. Elles ne tarderont pas d'ailleurs à en récolter les premiers fruits. Sans compter que le développement concomitant des financements privés, *via* notamment la création de fondations *ad hoc*, leur offre des perspectives nouvelles.

L'évolution des laboratoires publics vers plus de recherche appliquée et la capacité des universités à unir leurs forces pour constituer des pôles reconnus internationalement : tels sont les deux enjeux majeurs qui doivent également concentrer tous les efforts. Les entreprises françaises devront pour leur part répondre présent au rendez-vous décisif que l'enseignement et la recherche universitaires leur ont fixé. Cela participe en effet de leur intérêt et de leur responsabilité.

Des dispositions sectorielles compléteront volontiers l'efficacité du système. Après des années de part belle faite aux professions de la finance, la revalorisation des métiers d'ingénieurs et l'augmentation du nombre de diplômés s'imposent d'elles-mêmes. Encore faudra-t-il adopter les mesures afférentes. Le rapprochement des universités du monde de l'entreprise passe également par le développement de dispositifs novateurs tels que les doctorants-conseils ou par la création de diplômes pluridisciplinaires en réponse à la complexité croissante des besoins des entreprises. Enfin, pourquoi ne pas envisager de créer un observatoire tripartite – État, entreprises, représentants de l'enseignement supérieur – pour évaluer et orienter les filières en vue d'une meilleure adéquation entre l'offre – c'est-à-dire les cursus – et la demande des entreprises, c'est-à-dire le marché du travail ?

En synthèse

Actions à court terme

- Instaurer un plan Marshall de l'éducation fondé pour l'essentiel sur :

– la « réingénierie » des programmes : retour aux fondamentaux ;

– la formation et la réévaluation du statut des enseignants ;

– la lutte déterminée contre l'échec scolaire et l'illettrisme.

- Renforcer le rôle de l'entreprise dans le pilotage et la responsabilité des filières d'apprentissage :

– simplifier les recrutements, alléger les charges et adapter les rythmes d'enseignement théorique aux besoins concrets des entreprises ;

– rendre l'apprentissage obligatoire pour tout jeune quittant prématurément le cycle scolaire.

• Ouvrir les frontières entre l'école et le monde du travail *via* notamment des stages d'immersion en entreprise et des interventions de managers dans les classes…

• Poursuivre, en l'amplifiant, le processus d'autonomisation des universités et encourager leur rapprochement avec les entreprises.

• Créer un observatoire tripartite État/entreprises/enseignants pour une meilleure orientation des filières par rapport aux débouchés professionnels.

Actions à moyen terme

• Fédérer les universités pour leur permettre d'atteindre une dimension et une visibilité internationales.

• Offrir un second souffle aux métiers d'ingénieurs et aux filières scientifiques en augmentant le nombre de diplômés et en créant des filières pluridisciplinaires.

Chapitre 7

Forme-toi, le ciel t'aidera

La formation professionnelle continue contribue à la performance des entreprises et à l'épanouissement des salariés. Elle a pour objet de favoriser l'insertion ou la réinsertion professionnelle, le développement des compétences, le maintien dans l'emploi, l'élévation des niveaux de qualification et la promotion sociale. Autant dire qu'elle pèse fortement sur la compétitivité. Son financement est assuré conjointement par l'État, les conseils régionaux et les entreprises. Elle est gérée par les OPCA (organismes paritaires collecteurs agréés) qui mutualisent les fonds. Un véritable embrouillamini duquel il s'avère difficile d'extraire des chiffres fiables et précis. Une seule certitude : les entreprises dépensent au total 6,3 milliards d'euros à titre direct (formation en interne ou par des prestataires extérieurs) et en versent 6,2 milliards aux OPCA.

Une formation en trompe-l'œil

En France, les salariés peuvent théoriquement se former tout au long de leur vie active. Les entreprises, elles, doivent dépenser une fraction de leur masse salariale dans des actions de formation professionnelle – 1,6 % pour les entités de plus de dix salariés, entre 0,25 % et 0,5 % pour les autres. Le dispositif se révèle toutefois insatisfaisant à divers titres. Taux d'accès et volumes horaires par accédants inférieurs à ceux des grands pays de l'OCDE, inégalités, contenus inadaptés, système contraignant et peu incitatif… Le constat est sans appel.

L'efficacité de notre dispositif se mesure à l'aune de la proportion de salariés qui en bénéficient et du volume horaire annuel moyen par personne. Aujourd'hui, près d'un salarié sur quatre suit au moins une formation chaque année. Un ratio apparemment acceptable mais qui masque de profondes inégalités : le taux d'accès dépasse 40 % dans le secteur public et les entreprises de plus de cinq cents salariés, quand il n'atteint pas 30 % dans celles de moins de dix salariés. Autre phénomène marquant : les cadres et les populations les plus qualifiées sont ceux qui utilisent le plus le système.

Figure 18 – Ces dispositifs indifférenciés profitent surtout aux salariés qualifiés des grandes entreprises

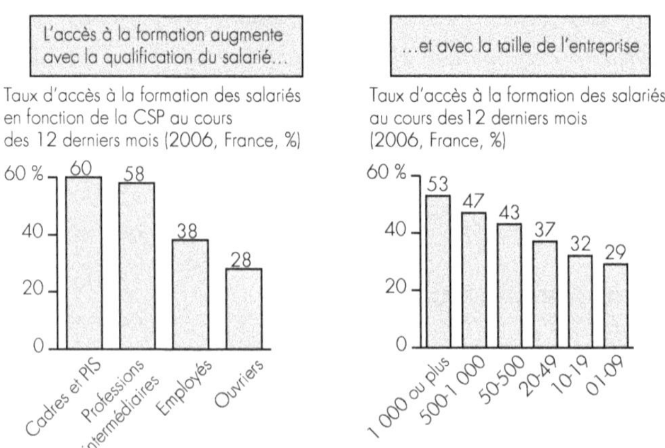

Source : enquête complémentaire à l'enquête Emploi sur la formation continue, 2006, Insee.

Figure 19 – Le nombre d'heures proposées
et l'accès à la formation sont plus faibles
que la moyenne de l'OCDE

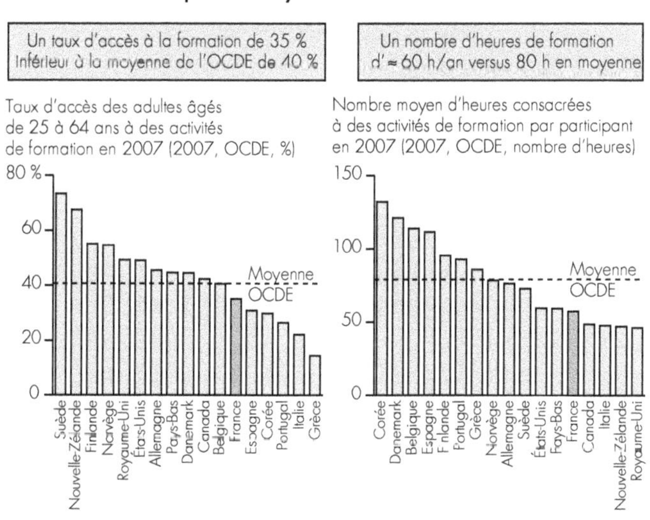

Source : Regards sur l'éducation, OCDE, 2010.

Enfin, le temps de formation de chaque accédant est inférieur en France à celui observé dans la moyenne des pays
de l'OCDE.

Qu'en est-il des contenus ? Les entreprises considèrent
que l'influence excessive des organismes collecteurs dans
la définition des orientations stratégiques du secteur nuit
à leur pertinence. D'autant qu'elle se double d'une quasi-
absence d'évaluation. Aussi le catalogue des sessions pro-
posées aux salariés se révèle-t-il en partie inadapté aux
besoins réels des employeurs. Les contraintes administratives inhérentes au système freinent également les velléités
des plus petites entreprises : en particulier, la multiplication des formalités au moment des déclarations puis du

financement complexifie inutilement le dispositif. Enfin, le principe « former ou payer » qui préside à la construction du système français démontre ses limites. Toutes les entreprises n'utilisent pas leur crédit formation et peu d'entre elles étendent leur budget dédié au-delà du seuil imposé par les textes.

Payer mieux pour former plus

La simplification du système constitue un préalable à toute réforme de la formation professionnelle. Sur le fond, trois priorités majeures se dégagent : responsabiliser les employeurs, privilégier les formations en entreprise, développer des partenariats innovants. Les programmes proposés aux salariés, pour être appétants, doivent répondre aux besoins futurs des entreprises. C'est à cette condition seulement qu'ils seront vecteurs de promotion sociale et source de compétitivité. L'implication des entreprises dans le choix des programmes et la définition des contenus représenteront une avancée certes importante mais non décisive : le développement des formations *in situ* s'impose comme un complément indispensable. C'est pourquoi une part substantielle des fonds aujourd'hui affectés à la discrétion des organismes collecteurs mériterait d'être redéployée à cette fin. Particulièrement adaptée aux nouvelles recrues, la formation en interne favorise en effet l'employabilité des personnes et élève leur niveau de qualification. Simple à mettre en œuvre, une telle mesure influera positivement sur la création d'emplois.

Les employeurs doivent donc préempter une plus grande part de la formation professionnelle. Il en va de leur responsabilité et de leur intérêt. Une réforme osée, majeure qui représente certes un coût, mais surtout un investissement sur l'avenir. De l'ordre sans doute de 3 milliards d'euros, qui pourront être compensés par des transferts de charges sociales vers d'autres sources de financement. Afin de garantir son efficacité optimum, c'est indéniablement au niveau des branches que l'organisation des financements et de la gestion du système devra être déployée.

Enfin, l'innovation et la recherche de partenariats doivent guider la réforme de notre système de formation professionnelle. Deux idées : l'extension du principe d'alternance à la formation continue enrichirait le dispositif et renforcerait la validation des acquis par l'expérience qui concerne encore trop peu de salariés. Le développement de partenariats ciblés entre le Pôle Emploi et les petites et moyennes entreprises permettrait de former des chômeurs efficacement et à moindre coût et d'améliorer ainsi leur employabilité.

Autre sujet de réflexion : l'approche « française » du concept européen de « formation tout au long de la vie » mérite d'être reconsidérée. Ainsi que le suggère un dirigeant, « dans ce domaine la France travaille trop sur les aspects juridiques et les territoires de négociation, pas suffisamment sur les savoir-être ».

L'argent seul ne fait pas le bonheur. Il n'empêche que l'attribution d'une « prime à la formation » aux entreprises qui vont au-delà des seuils légaux apparaîtrait comme une initiative opportune.

En synthèse

Actions à court terme

• Impliquer les employeurs en confiant aux branches professionnelles la responsabilité de la formation continue. Leur participation à la conception des programmes favorisera l'employabilité des personnes formées et contribuera à la mise en place d'une « formation continue préventive ».

• Décupler l'efficacité du système par le redéploiement d'une partie des fonds alloués aux OPCA et un engagement similaire des entreprises (3 milliards d'euros).

• Privilégier les formations en entreprises, notamment en cas d'embauche et de reconversion.

Actions à moyen terme

• Initier des partenariats innovants, en étendant le principe de l'alternance à la formation continue et en favorisant les partenariats entre les PME et Pôle emploi pour la réinsertion des chômeurs.

Chapitre 8

R&D et innovation : la France en panne d'efficacité ?

La R&D et l'innovation constituent, au même titre que l'éducation, l'un des moteurs de la compétitivité future de nos entreprises. L'importance et l'origine des moyens qui leur sont consacrés témoignent du dynamisme d'une puissance industrielle. Qu'en est-il aujourd'hui ?

Un vent nouveau souffle sur la recherche

Si la France accuse un retard chronique sur ses principaux concurrents internationaux, la création de pôles de compétitivité et le développement du crédit impôt recherche (CIR) forment autant d'avancées positives. Et l'affectation à la recherche d'une part conséquente des ressources du grand emprunt marque incontestablement la volonté gouvernementale de parier sur l'innovation.

À la recherche de fonds privés

En 2008, la dépense nationale en R&D s'élevait à 42,2 milliards d'euros, soit 2,16 % du PIB. Un chiffre inférieur aux objectifs européens de 3 % fixés en 2000 lors du Conseil de Lisbonne. En 2009, la contribution nationale en faveur de la recherche s'est stabilisée à 2,2 % du PIB, soit à un niveau quasiment constant depuis 2003. En valeur relative, la France consacre moins de ressources à la R&D que le Japon et la Corée du Sud (3,4 %) ou que les États-Unis et l'Allemagne (2,8 %). Il s'agit cependant d'un effort significatif, l'un des plus importants au monde et le second en Europe. Et il convient de souligner qu'il a été maintenu en dépit de la crise. En d'autres termes, la France tient dans ce domaine son rang de cinquième puissance mondiale.

Figure 20 – La France dépense environ 2,2 % de son PIB en R&D, loin derrière l'Allemagne et les États-Unis

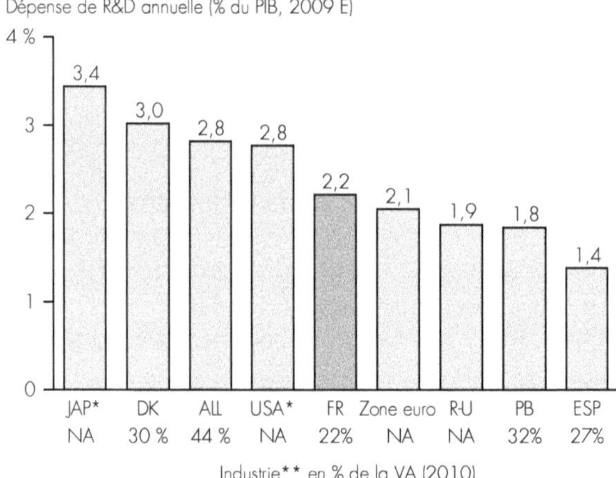

Note : * chiffres 2008 ; ** Industrie et industrie manufacturière à l'exception de la construction (données Eurostat, 2010).

Source : Eurostat/Euromonitor International.

L'origine des fonds dédiés à la R&D suscite plus d'inquiétude. En effet, notre recherche n'est acquittée qu'à hauteur de 51 % par des fonds privés. Encore une spécificité hexagonale ! Trop d'État ne nuit-il pas à la recherche ? À titre de comparaison, au Japon, les entreprises privées assurent 78 % des dépenses en faveur de la recherche. Une proportion qui atteint 67 % aux États-Unis ou en Allemagne. Cette situation préoccupante s'explique en partie par la difficulté des PME à financer de véritables services de R&D.

Figure 21 – Ce retard en matière de R&D s'explique en raison de la faiblesse de la R&D privée…

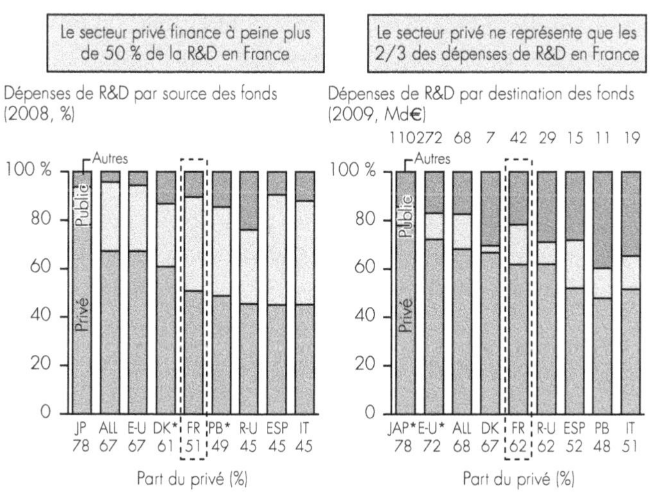

Sources : Eurostat « Science, technology and innovation in Europe » 2010.
Note : (*) Données 2007.

La dépense privée provient de fait essentiellement des grands groupes et se concentre dans trois domaines d'activité : les industries automobile, le secteur pharmaceutique, la construction aéronautique et spatiale. Il revient aux entreprises françaises de s'interroger sur la faiblesse relative de leurs investissements dans un domaine aussi crucial pour leur avenir. L'étude du nombre moyen de brevets déposés annuellement par million d'habitants conforte cette analyse : en Europe, la France (133) se classe loin derrière l'Allemagne (291), les Pays-Bas (223) ou le Danemark (194). Autre source d'inquiétude : moins de 10 % des brevets français concernent les très hautes technologies (biotechnologies, nanotechnologies, climat…). Ainsi que le précise un expert de ce secteur, « l'approche française de l'innovation demeure trop centrée sur l'invention ou la recherche technologique. Elle souffre d'un déficit de vision entrepreneuriale, de mise en perspective industrielle. La recherche "utile" doit s'imposer comme une priorité. Autrement dit : il faut transformer les essais ! ».

La recherche ne manque pas de crédit

L'État français a pris conscience de l'importance de la recherche et de l'innovation. Grand emprunt, crédit impôt recherche (CIR), pôles de compétitivité… Il multiplie les efforts pour inciter les entreprises à combler leur retard en volume sur la dépense publique. Le CIR, créé en 1983, constitue la pierre angulaire de la politique publique d'incitation à investir dans la R&D. Plusieurs réformes successives – la dernière date de 2008 – ont considérablement renforcé son attractivité : calculé sur des bases déclarées par les entreprises, sans plafonnement, immédiatement remboursable, il est également accessible à celles qui ne sont pas soumises à l'IS. Son explosion n'est donc pas surprenante : le nombre de déclarants a plus que doublé en trois ans – de sept mille quatre cents en 2005 à près de treize mille en 2008 – et son coût a été multiplié par 4,5 sur la même période (4,2 milliards contre 0,9 milliard d'euros). Les grands groupes internationaux et les ETI captent les 4/5 des sommes consacrées au CIR. Le nombre de PME désormais concernées a toutefois fortement progressé : en 2008, elles étaient à l'origine de 80 % des dossiers déposés.

Les réformes du CIR ont fortement contribué au maintien des investissements privés en faveur de la recherche en période de crise. Comme le soulignent les auteurs du dernier rapport de l'Inspection générale des finances sur le sujet : « Grâce au CIR, la France est ainsi le premier pays de l'OCDE pour le niveau des aides fiscales et des aides publiques en général apportées à la R&D des entreprises. » Il n'existe d'ailleurs pas d'équivalent au CIR en Allemagne. Seuls écueils : cette mesure coûte cher et participe parfois de l'effet d'aubaine, même si le récent rapport de l'Inspection Générale des Finances a classé le CIR parmi les niches fiscales les plus efficientes. L'État devra renforcer sa sécurité juridique et améliorer sa lisibilité. Il conviendra d'inciter toujours plus les entreprises – notamment celles de services – à utiliser ce dispositif, l'objectif étant à moyen terme d'atteindre un niveau de R&D égal à 3 % du PIB.

Un autre programme encourage l'innovation : le statut de « jeune entreprise innovante », créée en 2004. Il s'adresse aux PME de moins de deux cent cinquante salariés, créées depuis moins de huit ans. Moins incitatif depuis la loi de finances 2011, il leur permet toujours de bénéficier d'exonérations fiscales et sociales.

La France en pôle(s) ?

La création récente de soixante et onze pôles de compétitivité représente une avancée notoire. De quoi s'agit-il ? Le ministère de l'Industrie, de l'Énergie et de l'Économie numérique les définit comme « le rassemblement sur un territoire donné, d'entreprises, de laboratoires de recherche et d'établissements de formation pour développer des synergies et des coopérations ». L'objectif ? favoriser l'innovation et le rapprochement des acteurs d'une filière porteuse pour peser sur la scène internationale. Sur la période 2009-2011, l'État français consacre 1,5 milliard d'euros à cette politique ambitieuse. Il est encore trop tôt pour tirer un bilan de cette initiative qui s'inscrit sur le moyen et long terme. Le nombre excessif de pôles – pour satisfaire sans doute aux innombrables revendications régionales et/ou sectorielles – fait toutefois courir le risque d'un saupoudrage inefficace. Autre crainte : l'implication des universités au sein des pôles semble trouver ses limites.

Les chemins de l'innovation

La valorisation et le développement de la R&D sont affaires de volonté et de financement. Le chantier qui attend la France s'articule autour de quatre priorités fortes : muscler la dépense privée, réorienter la recherche publique, ouvrir le plus grand nombre d'entreprises sur l'innovation et améliorer la fonction et le statut de chercheur.

Chercher dans les fonds, innover dans la forme

La politique française d'incitation à la R&D doit être maintenue en volume, simplifiée, ciblée sur des secteurs stratégiques et inscrite dans un programme global au service de l'innovation. La pérennisation des financements issus du grand emprunt permettra de soutenir durablement l'effort national de recherche. Le dispositif du CIR mérite quant à lui d'être stabilisé, sécurisé au plan fiscal, étendu au secteur des services et redéployé en partie vers des investissements plus faciles à quantifier et aux effets réellement multiplicateurs. C'est ainsi qu'à budget égal, voire supérieur, il pourrait utilement être élargi aux innovations non technologiques ainsi qu'aux dépenses engagées pour exporter les produits novateurs.

Sur un plan plus général, le financement de la R&D pourrait bénéficier pleinement d'une épargne plus « risquée » et orientée vers le long terme. Dans le même esprit, une autre voie d'amélioration se fait jour : la mise en place de stratégies sectorielles, en soutenant par exemple les fonds d'investissement ou de capital-risque qui œuvrent sur des secteurs clés et en favorisant l'exploitation de brevets par les PME. La simplification du processus constituerait enfin une source supplémentaire de progrès. La création en 2008 d'un « guichet unique de l'innovation » regroupé autour d'un seul opérateur – Oséo par exemple – a représenté un pas positif en la matière. Il gagnerait à s'inscrire dans une approche globale de l'innovation embrassant toutes les étapes du processus, de la conception à la mise en marché des produits.

S'appliquer dans la recherche

Le poids de la recherche publique en France est prépondérant. Son organisation, l'orientation et la valorisation de ses travaux méritent un examen attentif. Aujourd'hui, de nombreux observateurs s'accordent sur la nécessaire évolution des laboratoires publics vers moins de recherche fondamentale et plus de recherche appliquée. Cette orientation doit être soutenue par des politiques appropriées et fortement incitatives. C'est pourquoi les programmes susceptibles d'une industrialisation rapide devraient bénéficier de financements prioritaires. Pourquoi ne pas asseoir l'indispensable revalorisation des rémunérations des chercheurs sur leur capacité à transférer des technologies et des brevets vers l'industrie. Bref, revisiter en quelque sorte les instruments de mesure de la performance. Ainsi que le souligne un universitaire, « la recherche française est centrée sur elle-même : les établissements se font concurrence entre eux alors que le lobbying anglo-saxon est beaucoup mieux organisé ». Pourtant des améliorations s'avèrent possibles au regard des résultats obtenus dans certaines grandes écoles. « La recherche appliquée y est fortement encouragée : le nombre de contrats d'études signés par les professeurs ainsi que le nombre de brevets déposés dans les écoles d'ingénieur entrent en compte dans le classement des grandes écoles » précise le même interlocuteur.

L'efficacité des dépenses publiques en R&D repose également ment sur leur affectation sectorielle. Un euro sur cinq, soit la somme de 2,82 milliards d'euros, est aujourd'hui consacré aux « sciences sociales, vie en société » par la mission interministérielle de recherche et d'enseignement supérieur ! Une part substantielle de ces sommes ne devrait-elle pas être redéployée vers des secteurs plus porteurs en termes de croissance : biotechnologies, environnement, énergie… ? Ou s'inscrire dans les filières d'excellence retenues par le ministère de l'Industrie ?

« Démocratiser » la R&D

L'innovation ne doit pas être réservée aux seules grandes entreprises et aux grands pôles urbains. L'esprit d'entreprise et de créativité existe partout sur notre territoire.

Pour autant, la dispersion des moyens doit être évitée. Afin de lever cette contradiction, il conviendrait de privilégier toujours plus une logique sectorielle à une logique de territoire. Les nouvelles technologies de l'information et de la communication permettent en effet le développement de pôles nationaux d'innovation *via* des réseaux immatériels. PME et établissements d'enseignement et de recherche peuvent désormais se regrouper plus aisément autour d'une même thématique. L'industrialisation des fruits de la recherche doit être soutenue autant que la recherche elle-même. Si les PME sont efficacement incitées à produire et commercialiser plus de produits découlant de brevets, notre compétitivité s'en trouvera renforcée. Les transferts de technologies doivent ainsi figurer au cœur des priorités nationales dans le domaine de la recherche. Ajoutons qu'une réglementation plus rigoureuse de la notion de propriété intellectuelle encouragerait certainement les PME à innover.

Les ressources humaines au chevet de l'innovation

Sans chercheurs, ingénieurs, techniciens dédiés, point de recherche. La fonction R&D dans les entreprises mérite d'être revalorisée en interne comme auprès des étudiants ou jeunes diplômés. Réseaux sociaux, plateformes collaboratives…, les moyens existent. Pourquoi ne pas créer une « université de l'innovation », véritable réseau immatériel d'échange et de diffusion de l'information, réunissant entreprises, consultants, chercheurs et étudiants ? Autre perspective digne d'intérêt : la valorisation dans les plans de carrière des ingénieurs de leur passage dans des services de R&D. Cette initiative pourrait utilement être développée dans les services comme dans l'industrie.

CIR : deux belles histoires d'innovations non technologiques

TOPTECH

Expert reconnu dans le domaine du *lean management*, TOPTECH vise à l'amélioration de la performance et de la compétitivité de ses clients. Il intervient sur la refonte de processus ainsi que sur le développement de nouvelles méthodologies organisationnelles, en particulier à destination des PME qui rencontrent des difficultés à optimiser leur chaîne de production.

Jusqu'à récemment, les méthodes classiquement accessibles aux PME pour planifier leur production, dites à capacité infinie, ne permettaient pas de prendre en compte leurs contraintes réelles. Elles étaient amenées à s'adapter à un système qui créait un écart important entre la planification amont de la production et sa réalité effective et devaient de ce fait disposer d'une capacité supérieure à leurs besoins pour éviter blocages et retards. D'où des besoins en fonds de roulement importants.

L'alternative – passer à un système de planification à capacité finie qui intègre les contraintes réelles de production des entreprises – ne pouvait être envisagée qu'au prix d'un investissement informatique conséquent pour gérer le volume considérable d'informations nécessaires à prendre en compte.

Les équipes de TOPTECH, encouragées et soutenues par l'obtention d'un CIR au titre de dépenses « sciences humaines et sociales », se sont engagées dans un effort de recherche important visant à développer un système amélioré de planification. À l'issue d'une étude conceptuelle préliminaire à la production (statistiques, simulation), puis de tests en situation, TOPTECH est parvenue à une solution novatrice mixant plusieurs approches, qui s'appuient partiellement sur des ressources informatiques et partiellement sur une approche de management par le terrain.

Actuellement utilisée par de nombreuses PME, elle leur permet d'atteindre 80 % de gains d'efficacité pour seulement 20 % d'investissements supplémentaires.

Mobile Money

Depuis quelques années, plusieurs opérateurs télécoms ont lancé avec succès, dans les pays émergents, et particulièrement en Afrique, des services de « Mobile Money ». Il s'agit de services proposant un porte-monnaie virtuel lié à un compte de téléphone mobile et permettant de réaliser des opérations financières basiques.

Pour autant, les études sur les services « Mobile Money » – impact sur les économies locales, possibilité pour les opérateurs télécoms de commercialiser ce type de services dans d'autres pays émergents, voire dans des pays développés… – se heurtaient à des problèmes de disponibilité de sources et de qualité des données.

En effet, le manque de données macro-économiques ou socio-économiques est inhérent au continent africain, ainsi qu'en atteste le peu d'informations et de statistiques disponibles au sein des principales organisations mondiales (ONU, FMI, banque mondiale, UNESCO). De plus, les opérateurs mobiles communiquent peu sur ce type de services en raison de leur caractère stratégique. Par ailleurs, les valeurs numériques d'un même indicateur peuvent se révéler totalement différentes en fonction des sources utilisées. Conséquence : les données obtenues ne peuvent être considérées comme fiables prises individuellement.

Un projet initié en France a pu voir le jour du fait du soutien représenté par le CIR. Ses objectifs :

– analyser l'écosystème et identifier les acteurs impliqués et leurs relations ;

– mettre en évidence les facteurs favorisant la réussite des services « Mobile Money » : isoler les facteurs clés de succès d'un tel service au sein des populations africaines (taux de bancarisation, taux de pénétration du mobile…) ;

– mettre en place des critères de « réplicabilité » de la réussite des services « Mobile Money » : concevoir un modèle permettant d'anticiper le degré de succès attendu en fonction des conditions socio-économiques de la zone où il doit être déployé.

Du fait de la variabilité d'une même donnée selon les sources différentes, il a fallu trouver des méthodes permettant de garantir un degré de confiance raisonnable dans les chiffres utilisés. Les équipes internes de l'entreprise portant le projet, grâce notamment au CIR, ont pu s'atteler au difficile et laborieux travail d'acquisition et de recoupement des données, d'analyse de cohérence, de construction d'hypothèses et de tendances d'usage et de revenus. Elles ont trouvé un moyen de modéliser efficacement, pour n'importe quelle zone géographique donnée, le degré de succès à attendre d'un projet de type « Mobile Money ».

En synthèse

Actions à court terme

• Agir pour amplifier le financement de la R&D et de l'innovation avec pour objectif d'atteindre un niveau de R&D égal à 3 % du PIB ; le financement privé, d'une part, et le financement public, d'autre part, en développant le crédit impôt recherche et en prenant le relais des mécanismes mis en place par le grand emprunt.

• Stabiliser le dispositif du CIR jusqu'en 2013 (selon la conclusion du rapport de l'IGF sorti fin août 2011).

• Concevoir et mettre en place une stratégie de développement, pour coordonner et optimiser les financements de la R&D au sein des pôles de compétitivité.

Actions à moyen terme

• Développer l'éligibilité du CIR aux dépenses d'innovations non technologiques comme les Sciences Humaines et Sociales, le design…

• Rendre plus attractif le système pour l'emploi des chercheurs et des docteurs, en particulier pour les PME innovantes.

• Revaloriser la fonction R&D dans les entreprises, surtout pour les grands groupes, et favoriser les transferts de technologie et l'exploitation des brevets.

• Favoriser une université de l'innovation, réseau immatériel d'entreprises, de consultants et de chercheurs.

Chapitre 9

Sans dialogue, pas d'échanges

Retrouver les vertus du dialogue… Les relations entre les organisations syndicales et patronales se sont de tout temps exercées en France dans un climat houleux. Le feu couve en permanence. Défiance sociale ? Pour dialoguer il faut être deux. Trois en l'occurrence ! Des syndicats de salariés divisés, historiquement « politisés » et aujourd'hui peu représentatifs. Un État qui s'invite à l'excès dans les négociations et légifère parfois sans discernement. Des organisations patronales qui ne jouent pas toujours leur rôle novateur. Difficile dans ces conditions d'instaurer un dialogue constructif. Les entreprises ne doivent pas, elles non plus, s'exonérer de toute remise en question. Responsabilité, exemplarité et innovation sociale doivent guider continûment leur conduite. La compétitivité est en effet un engagement de toutes les parties prenantes.

Celle des entreprises, tout d'abord. Elles n'évoluent pas dans un monde indifférent. L'état d'esprit de leurs salariés, l'image qu'elles renvoient à leurs partenaires institutionnels et financiers, aux médias, aux consommateurs, au grand public… Rien ne saurait être négligé dans la construction d'une compétitivité durable. C'est bien d'éducation, de formation et de communication qu'il s'agit. Étant entendu que les miroirs reflètent toujours peu ou prou la réalité. Dans le concert des valeurs qui façonnent le profil des organisations modernes, l'environnement, la diversité et l'inclusion figurent désormais au premier rang.

La culture de groupe forge l'esprit d'équipe, soude les collectifs et dynamise leur performance. Cette vérité s'applique aussi bien à l'entreprise qu'aux formations sportives. Toutes les organisations, en effet, se construisent durablement sur un socle commun de valeurs. L'oublier, c'est prendre le risque de la défaite. Or, à lire ou entendre certains observateurs, la culture d'entreprise – puisqu'il s'agit bien de cela – ne compte pas au nombre des « spécialités » françaises. Dans l'Hexagone, elle rimerait exclusivement avec argent, réussite… Des sujets tabous. Sans oublier le poids de l'histoire qui alimente la confusion entre entrepreneuriat et paternalisme. Bref, en France, l'entreprise a souvent fait figure de mal aimée.

Mais le phénomène s'est amplifié, ici comme ailleurs, sous le double effet de la mondialisation et d'un « mal » d'origine anglo-saxonne, la financiarisation de l'économie. Depuis une trentaine d'années, le ciment qui formait les traditions d'entreprise s'est rapidement fissuré. Les raisons sont multiples : décisions parfois incomprises, délocalisations multiples… Les firmes ont perdu leurs racines et les salariés leurs repères. En poursuivant exclusivement et à toute force leur finalité légitime – le profit – les premières ont oublié ce qu'elles sont également, à savoir une cellule sociale. Ce déséquilibre, doublé de la médiatisation des plans sociaux et des profits des grands groupes, a dégradé en profondeur leur image auprès des seconds, comme du grand public.

> *« Tous les sondages le confirment : la France est le pays où la population croit le moins en la libre entreprise. La faute aux structures ou à ceux qui les dirigent ? L'essentiel, c'est de réconcilier les Français avec l'entrepreneuriat, de leur redonner foi dans les méthodes de gouvernance et de restaurer l'image des dirigeants. »*

Tel est le jugement sans appel rendu par un consultant.

Ajoutons, pour conclure, que la « consanguinité » entre l'État et certains grands groupes nuit à l'image des entreprises. Nominations parfois arbitraires, soutiens financiers excessifs, salariés privilégiés… À tout le moins, l'exigence de contreparties semble justifiée.

Panne de communication

Selon la définition proposée par l'OIT (Organisation internationale du travail), « le dialogue social inclut tous types de négociation, de consultation ou simplement d'échange d'informations entre les représentants des gouvernements, des employeurs et des travailleurs selon des modalités diverses, sur des questions relatives à la politique économique et sociale présentant un intérêt commun. Il peut prendre la forme d'un processus tripartite, auquel le gouvernement participe officiellement, ou de relations bipartites entre les travailleurs et les chefs d'entreprise (ou les syndicats et les organisations d'employeurs), où le gouvernement peut éventuellement intervenir indirectement. Les processus de dialogue social peuvent être informels ou institutionnalisés, ou associer – ce qui est souvent le cas – ces deux caractéristiques. Il peut se dérouler au niveau national, régional ou au niveau de l'entreprise. Il peut être interprofessionnel, sectoriel ou les deux à la fois. L'objectif principal du dialogue social en tant que tel est d'encourager la formulation d'un consensus entre les principaux acteurs du monde du travail ainsi que leur participation démocratique. Les structures et les processus d'un dialogue social fécond sont susceptibles de résoudre des questions économiques et sociales importantes, de promouvoir la bonne gouvernance, de favoriser la paix et la stabilité sociale et de stimuler l'économie ». Au-delà des définitions, chacun le sait, sans dialogue social équilibré, moderne et constructif, l'évolution de notre économie vers une compétitivité accrue s'apparente à une gageure.

SOS syndicats en mal de reconnaissance

La situation française se caractérise avant tout par un taux de syndicalisation extrêmement bas, inférieur à 8 %.

Figure 22 – La France a le taux de syndicalisation le plus bas de l'OCDE à environ 8 %

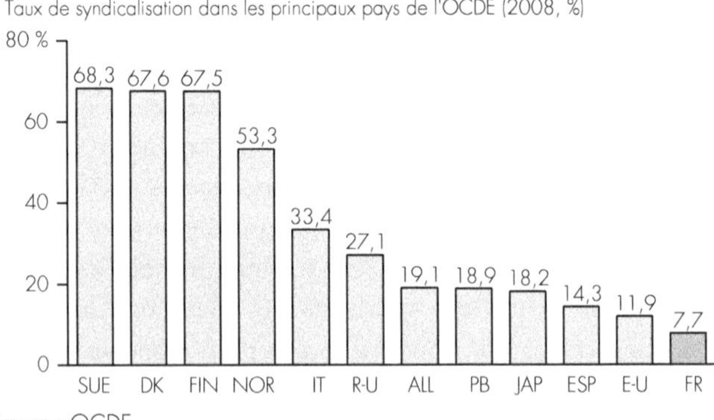

Source : OCDE.

Soit trois fois moins que la moyenne des grands pays industrialisés. Piètre performance pour un pays où 98 % des salariés relèvent d'une convention collective. À titre de comparaison, 20 % de leurs collègues allemands et néerlandais et 28 % des Britanniques adhèrent à une organisation syndicale. Autres faits marquants : le niveau de syndicalisation est plus élevé dans le secteur public (15 %) que dans le secteur privé (5 %), quasiment inexistant dans les entreprises de moins de cinquante collaborateurs et plus important chez les cadres et agents de maîtrise que parmi les ouvriers. Le désamour entre les salariés français et leurs syndicats se traduit par une baisse continue des taux d'adhésion depuis une trentaine d'années. Le même contexte baissier s'observe dans tous les pays développés, y compris en Allemagne. Toutefois les nations dont les syndicats sont plus unitaires affichent une meilleure résistance. En France, le cadre des relations sociales tient plus de la réglementation que de la négociation, tant l'interventionnisme de l'État s'avère tentaculaire.

Les salariés doivent trouver un réel intérêt à s'engager dans une organisation syndicale. Sentiment de participer à une « œuvre collective », d'être équitablement défendu, respect de la tradition également… Autant de moteurs du syndicalisme. Nulle part l'adhésion ne relève d'une obligation légale. Toutefois, dans certains pays comme la Belgique ou la Suède, la nécessité d'être membre d'un syndicat pour bénéficier d'avantages aussi décisifs que l'assurance chômage ou adhérer à une convention collective constitue une indéniable incitation.

Quelle représentativité pour demain ?

Véritable spécificité française, le faible taux de syndicalisation en France soulève la question de la représentativité des organisations de salariés, en particulier dans le secteur privé. Notre système paritaire ne prend aucunement en compte le nombre d'adhérents à un syndicat dans la structuration du dialogue social, qu'il s'agisse de leur association aux décisions ou de leur participation aux négociations. Les *big five* jouissent toujours d'un triple monopole. Au sein des entreprises, ils ont seuls la faculté de présenter des candidats au premier tour de l'élection des délégués du personnel et d'être parties prenantes à la gestion des services d'intérêt général. À l'échelon national, ils sont les uniques invités aux tables rondes interprofessionnelles.

La loi sur la modernisation du dialogue social du 31 janvier 2007 renforce leur rôle. Construite en réaction à l'« épisode CPE », elle prévoit en effet que les projets gouvernementaux influant sur les relations du travail, l'emploi ou la formation professionnelle doivent nécessairement comporter une phase de concertation préalable avec les organisations représentatives de salariés et d'employeurs. L'objectif étant de permettre l'ouverture d'une négociation.

Un consultant en management résume ainsi la situation :

> *« Le paritarisme présente des avantages lorsqu'il s'inscrit dans un dialogue social constructif, ce qui est souvent le cas au niveau des grandes entreprises. En revanche, il est coûteux et contraignant lorsqu'il conduit au maintien de structures économiquement non viables ou se bureaucratise à l'excès. »*

Vers une nouvelle représentativité salariale

La rénovation du dialogue social impose de réformer le « syndicalisme à la française » et d'offrir aux organisations professionnelles un véritable espace de liberté. Les parties prenantes doivent imaginer un contrat durable. Afin de garantir le progrès social dans la concertation et la paix.

Le syndicalisme nouveau doit arriver

La modernisation de la donne syndicale doit être appréhendée à deux niveaux : celui de leur organisation et de leur rôle. Redonner du sens à l'engagement syndical, responsabiliser chacune des parties prenantes au dialogue… Tels apparaissent les enjeux du pari social qui s'ouvre.

Côté salariés, l'augmentation du taux de syndicalisation revêt un caractère d'urgence. Il convient donc de susciter des vocations nouvelles. Les syndicats n'ont pas en effet pour mission de représenter quasi exclusivement les fonctionnaires et les salariés des grandes entreprises. Les patrons des plus petites entités doivent également prendre conscience de la nécessité d'encourager leurs salariés à s'engager dans des organisations responsables. La suppression du seuil arbitraire des cinquante salariés constituerait à cet égard une saine avancée. Mais probablement insuffisante. C'est pourquoi l'évolution vers une forme d'« incitation » ou de « prime » syndicale fondée sur le principe « adhésion égale avantages sociaux » mérite d'être étudiée avec attention.

Côté patronat, il faut consolider la hiérarchisation des niveaux de représentation dans les négociations professionnelles : les accords par branches doivent prévaloir sur les discussions intersectorielles ou régionales. Aux entreprises de prendre également conscience que la qualité du dialogue n'aura d'égale que leur capacité à innover socialement, à adopter une posture responsable.

La professionnalisation des syndicats salariés et patronaux renforcera l'efficacité des relations sociales. Ce qui passe par des formations *ad hoc* pour l'ensemble des élus. Dans le cas particulier des représentants du personnel, professionnalisation doit rimer avec sécurisation des parcours. Sans, pour autant, que l'engagement dans un syndicat ne s'envisage comme une « carrière ». Le renouvellement régulier des élus s'avère au contraire indispensable à la « respiration » du dialogue social. Au sein des organisations patronales comme des syndicats de salariés, la limitation du nombre de mandats – à deux ? – constituerait à cet égard un progrès notable. Cette profonde mutation de la représentation syndicale en France ne saurait s'effectuer que dans le cadre d'une vaste concertation des parties prenantes, État inclus, et d'un agenda défini en commun.

Trop d'État nuit au dialogue social

C'est en redonnant du sens au syndicalisme que l'on fera réellement souffler un vent nouveau sur le dialogue social. Les salariés, en particulier, seront d'autant plus enclins à s'engager au sein d'une organisation professionnelle qu'ils auront le sentiment, ce faisant, d'être utiles. Deux conditions à cela : l'assouplissement des règles qui contraignent le dialogue social dans les entreprises et le désengagement de l'État.

Au plan général, le périmètre et les modalités de la gestion paritaire doivent évoluer pour contribuer efficacement à la modernisation du fonctionnement des entreprises. Législation, réglementation… En France le dialogue entre les organisations professionnelles se trouve enfermé dans un carcan plus propice aux conservatismes qu'aux avancées sociales. En privilégiant la négociation, l'État encouragerait la modernité, la responsabilisation et donc la représentativité des syndicats. Le rôle des pouvoirs publics pourrait utilement se limiter à la fixation des garde-fous garantissant la cohérence et l'équité des relations sociales et, délaissant ses interventions tatillonnes, se concentrer sur les grandes réformes qui engagent l'avenir du pays sur le long terme.

Enfin, qu'il s'agisse des taux de syndicalisation, des partenariats entre les grands groupes et les PME ou encore du développement de l'actionnariat salarié, le « paysage social français » souffre d'opacité. L'instauration d'un « tableau de bord sociétal » indépendant – en extension de l'article 225 du Grenelle de l'environnement – garantirait plus de transparence et permettrait de mesurer les progrès réalisés : taux de participation au sein des organisations syndicales, accords d'intéressement, niveau de l'actionnariat salarié, progrès enregistrés en termes de parité et de diversité…

En synthèse

Actions à court terme

- Donner priorité aux accords de branche dans les négociations professionnelles.
- Élargir le tableau de bord sociétal pour mesurer les progrès réalisés en termes de taux de participation au sein des organisations syndicales, accords d'intéressement, niveau de l'actionnariat salarié, parité, diversité…

Actions à moyen terme

- Renforcer la responsabilité sociétale des entreprises sous tous ses aspects : management participatif, environnement, diversité, parité…
- Professionnaliser les représentants syndicaux salariés et patronaux, ce qui implique de les former et de sécuriser leurs parcours professionnels.
- Développer la représentation et l'intégration des salariés dans l'entreprise sous forme syndicale, actionnariale ou organisationnelle.

Chapitre 10

Infrastructures : horizons durables

Aux Oscars des infrastructures, la France obtiendrait sans coup férir la statuette en or. Fait suffisamment rare pour être souligné. Pas question cependant de s'endormir sur ses lauriers. Elle va devoir en effet combler son retard numérique, moderniser ses réseaux de distribution électrique à l'aune de la nouvelle donne énergétique et anticiper l'opportunité que constitue le développement des infrastructures vertes.

La France sur de bons rails

Un *cocorico* peut être entonné : le World Economic Forum (WEF) classe la France au quatrième rang mondial pour la qualité de ses infrastructures. À quasi-égalité avec ses principaux rivaux : Hong Kong, l'Allemagne et les Émirats arabes. Elle doit sa place à son excellente position en matière de réseau routier (2e), ferroviaire (4e) ou encore l'accessibilité de ses centres touristiques ou d'affaires (5e). L'Hexagone pointe par contre au 10e rang pour sa distribution électrique et au 12e pour la qualité de ses sites portuaires. Rien d'inquiétant, d'autant que l'appréciation portée par les entreprises françaises et internationales sur ce sujet confirme largement le classement du WEF. Seul petit bémol : un tel niveau d'équipements engendre mécaniquement un coût substantiel d'entretien et de renouvellement. Combien de temps le budget de la nation pourra-t-il le supporter ? En outre, les projets ne manquent pas : Grand Paris, lignes à grande vitesse, liaisons fluviales et autoroutières… Souhaitons que la France garde cette longueur d'avance.

Ce bon palmarès ne doit pas cependant éluder certains sujets qui engagent l'avenir. Deux d'entre eux influent fortement sur la compétitivité des entreprises. La distribution d'énergie, tout d'abord. Mais aussi et surtout le défi numérique, pour lequel la France ne pointe qu'au vingtième rang. Pire, elle a perdu cinq places entre 2009 et 2010. Chacun s'accorde à penser qu'elle ne pourra à terme conserver son rang dans le concert international si elle ne comble pas ce déficit. En 2011, ce secteur représente de fait 6,5 % du PIB mondial. « La contribution directe au PIB de la "filière Internet" française est estimée à 72 milliards d'euros en 2010. L'année dernière, cette filière représentait ainsi 3,7 % du PIB français et aurait contribué pour environ un quart à sa croissance. En 2015, selon ces mêmes prévisions, elle devrait contribuer à hauteur de 129 milliards d'euros (5,5 % du PIB) », rapporte un universitaire. Autant dire que l'enjeu n'est pas léger. Concrètement, le retard de la France se traduit par le faible déploiement des solutions Internet dans le quotidien des PME. Et d'aucuns s'interrogent sur leur capacité scientifique et financière à s'approprier les nouvelles générations de technologies : 4G, fibre optique…

Autre enjeu : la distribution d'énergie. Le développement des solutions renouvelables, dans la droite ligne du Grenelle de l'environnement, modifie la donne. L'inconstance des approvisionnements devra être compensée par des investissements coûteux dans des technologies d'effi-cacité telles que les *smart grids*. C'est la condition du succès du mix énergétique.

L'impératif numérique

« Niveau satisfaisant » noterait un correcteur avisé. Le maintien de nos infrastructures traditionnelles à leur niveau actuel constitue en effet un objectif raisonnable au regard des pressions budgétaires. Mais gare à l'immobilisme ! La France, avec ses partenaires européens, doit combler son retard numérique, faire face à la nécessité d'adapter ses réseaux de distribution électrique et saisir une opportunité, le développement des infrastructures vertes.

Dans le cas particulier du numérique, une appréciation du type « peut mieux faire » s'avère plus conforme à la réalité. Priorité donc à l'investissement dans les systèmes d'information, les infrastructures haut débit, les nouvelles technologies de l'information et de la communication. Sans oublier le développement de l'e-administration, du numérique dans l'éducation… Comme le souligne un rapport de l'institut Montaigne daté de mai 2011 :

> « *Le numérique doit être aujourd'hui une priorité pour l'homme d'État comme pour le stratège d'entreprise, car il a déjà suscité une transformation silencieuse de la société et il conditionne à terme la capacité de la nation, de ses institutions et de ses entreprises à être compétitives.* »

Les paris de la distribution d'énergie

Autre axe de réflexion : la France ne pourra faire l'écono-mie d'adapter en profondeur ses circuits de distribution électrique pour répondre aux impératifs de flexibilité dans la fourniture d'énergie et à l'évolution des exigences environnementales, notamment fixées par le Grenelle II. Et cela quel que soit le niveau de la croissance. Ce qui nécessite de relever deux défis : financer les investissements en jeu et ajuster les réseaux aux contraintes imposées par les énergies renouvelables. Le GIEC considère en effet que « près de 80 % de l'approvisionnement mondial en énergie pourrait être assuré par des sources d'énergies renouvelables d'ici au milieu de ce siècle, si l'effort est soutenu par des politiques publiques adéquates ». Contre 13 % aujourd'hui…

Nos infrastructures sont anciennes : selon les prévisions de l'AIEA, les pays européens devront investir 1 136 milliards d'euros entre 2010 et 2020, soit le double des efforts consentis au cours de la décennie précédente. Inutile de préciser que dans les pays émergents les besoins s'avèrent colossaux. L'introduction croissante des ENR (énergies nouvelles renouvelables) dans le mix de production électrique bouleverse également la donne. En Europe, leur part dans la production électrique totale pourrait atteindre 30 % dès 2020 selon l'AIEA. En France, l'effort est notable : + 84,5 % pour le parc éolien et + 700 % pour le photovoltaïque entre 2007 et 2009.

Cette montée en puissance du renouvelable soulève deux difficultés : ce sont des énergies intermittentes – c'est le cas du solaire et de l'éolien – et leur positionnement géographique se trouve souvent fort éloigné des zones de consommation (exception faite du photovoltaïque de toiture et du micro-éolien). Les contraintes liées à leur acheminement et à leur stockage imposent de reconsidérer l'organisation logistique et matérielle de la distribution électrique. Une opportunité enfin : la naissance des infrastructures vertes. Elles figurent au premier rang des priorités de la

Figure 23 – La France est en phase avec les objectifs du Grenelle de l'environnement concernant le renouvelable

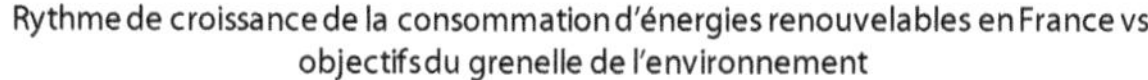

Rythme de croissance de la consommation d'énergies renouvelables en France vs. objectifs du grenelle de l'environnement

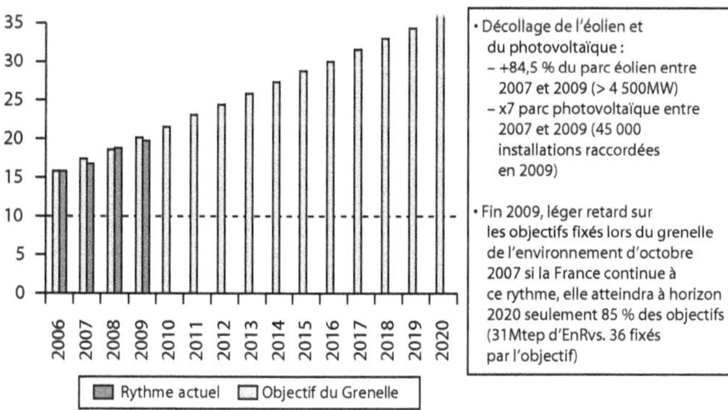

Commission européenne. Relier les espaces naturels existants, préserver les écosystèmes, garantir la qualité de l'air et de l'eau, limiter l'émission de gaz à effet de serre, ralentir le réchauffement climatique… Nos autoroutes, nos rails, nos urbanisations virent progressivement au vert.

Cette « croissance verte » s'intègre dans un processus irrémédiable d'écologisation du monde et constitue une chance formidable pour notre tissu productif, qui devra en anticiper les retombées comme les contraintes. Selon certaines estimations, l'Europe investira en effet 2 900 milliards d'euros au cours des dix prochaines années dans des infrastructures « propres ». Un extraordinaire relais de croissance qui permettra de réels sauts de compétitivité et l'émergence d'une nouvelle économie à haute valeur ajoutée. La France ne devra pas rater ce coche. Pour des couleurs repeintes en « bleu, blanc, vert »…

En synthèse

Action à court terme

• Investir massivement sur le numérique, dans les PME comme dans la fonction publique et l'éducation, afin de combler notre retard : systèmes d'information, infrastructures haut débit, NTIC, e-administration…

Actions à moyen terme

• Anticiper les mutations de la distribution d'énergie, notamment électrique – production éolienne et solaire – et redessiner la « carte énergétique », les sites de production se trouvant souvent éloignés des lieux de consommation.

• Parier sur les relais de croissance « bleus, blancs, verts » : infrastructures propres, écologisation du monde, nouvelle cartographie des flux…

Conclusion

Le pacte de compétitivité, un pacte de confiance

Le retour à la compétitivité et l'acceptation des changements qu'il requiert nécessiteront le rétablissement de liens de confiance et de compréhension qui dépassent de loin les murs de l'entreprise. Entre des gouvernants parfois victimes de dogmes hérités de l'histoire et trop souvent éloignés des réalités et des contraintes de la vie économique, des citoyens se réfugiant dans la défiance et la peur du changement et des entreprises obsédées par le court terme, le modèle français risque de s'autodétruire. C'est d'ailleurs l'une des principales thèses développées par les économistes Yann Algan et Pierre Cahuc dans leur ouvrage *La Société de défiance* :

> *« Le civisme et la confiance mutuelle se sont dégradés après la Seconde Guerre mondiale. Nous soutenons que c'est le mélange de corporatisme et d'étatisme du modèle social français qui suscitent la défiance et l'incivisme. En retour, défiance et incivisme minent l'efficacité et l'équité de l'économie et entretiennent l'étatisme et le corporatisme. Un phénomène similaire est à l'œuvre sur le marché du travail. Le déficit de confiance des Français entrave leur capacité de coopération, ce qui conduit l'État à réglementer les relations de travail dans leurs moindres détails. En vidant de son contenu le dialogue social, ces interventions empêchent l'adoption de réformes favorables à l'amélioration du fonctionnement du marché du travail. La France*

> *est donc engagée dans un cercle vicieux dont les coûts économiques et sociaux sont considérables… Ainsi le modèle social français qui n'était peut-être au départ qu'un accident de l'histoire, risque d'éroder inexorablement la capacité des Français à vivre heureux ensemble s'il n'est pas réformé en profondeur. »*

Restaurer la confiance pour améliorer la compétitivité ? Les registres semblent bien éloignés, et pourtant tout cela fait sens. Combien de situations évitables – fermetures de sites, blocage du dialogue, grèves… – uniquement provoquées par un déficit de confiance ? Ce handicap assombrit la perspective d'une réforme sereine et profonde, qui risque alors de n'être perçue que comme un privilège de plus accordé aux entreprises. Il convient de s'attaquer au mal par la racine.

Les conditions du succès : changer d'état d'esprit

Autant que les voies à suivre, c'est donc la méthode de changement qui déterminera la capacité du pays à déclencher ce cercle vertueux. Plusieurs conditions paraissent essentielles.

Il faudra tout d'abord faire montre de courage. De la part des responsables politiques, des chefs d'entreprises comme des partenaires sociaux. Courage de mettre de côté les *a priori* dogmatiques de tous bords. Courage d'affronter les résistances inéluctables par la communication, la pédagogie et le dialogue. Les Français, facilement rétifs au changement, ont besoin de mieux comprendre les défis auxquels notre pays est confronté. Cela suppose une cohérence des messages qui leur sont adressés.

Ce pacte passe ensuite par la responsabilité et l'exemplarité de tous. Ce qui induit, on l'a vu, des réformes fortes, un assainissement vigoureux de la dépense publique, une réelle capacité de dialogue entre syndicats et patronat mais également un souci réaffirmé de « long terme » et d'empreinte sociale au sein des entreprises.

Il convient enfin d'en reconnaître l'urgence. Urgence de la concertation autour du constat et des voies à explorer pour créer les bases d'un consensus.

Pourquoi dès lors ne pas envisager, à l'instar de ce qui se passe de l'autre côté du Rhin, que toutes les parties prenantes – État, entreprises, représentants syndicaux… – entrent dans cette dynamique de consensus ? C'est-à-dire qu'elles s'accordent sur un « noyau dur » de réformes et de fondamentaux incontournables, dans le cadre et à partir duquel chacun serait bien sûr libre de jouer sa propre partition. Ce socle fort pourrait se composer des 49 mesures émaillées au fil des pages précédentes dont une trentaine à déployer à court terme.

Pour l'emploi et la croissance

Sur les charges sociales

- Alléger le coût du travail pesant sur l'emploi : transfert d'une partie du financement de la branche famille (à hauteur de 25 milliards d'euros) par la création d'une TVA sociale et l'élargissement de l'assiette de la CSG. La valeur ainsi créée pourrait être partagée entre entreprises et salariés.

Sur le travail

- Réunir un « Grenelle du salariat » :

- « Libérer » la création d'emplois, avec plusieurs objectifs clés : adopter un principe de flexi-sécurité, privilégier les négociations sur la durée du travail par branches, mettre en place une sécurisation des parcours professionnels…

— Faciliter le recours au chômage partiel pour les PME en instaurant un système de partage du coût du non-travail entre l'entreprise et les pouvoirs publics pendant les périodes d'activité creuse.

— Fondre les CDI et CDD en un contrat de travail unique, simple et protecteur pour toutes les parties.

• Limiter les bulletins de paye à 10 lignes maximum.

Sur la fiscalité

• Réformer l'impôt sur les sociétés dans trois directions :

— vers une plus grande équité entre entreprises et au niveau européen en baissant rapidement le taux d'IS de 5 points avec un objectif moyen terme d'harmonisation des taux d'IS en Europe à 25 % (dans l'esprit de la démarche franco-allemande), et en supprimant ou restreignant significativement en parallèle les dégrèvements ;

— vers une plus grande efficacité, en compensant le manque à gagner né de la baisse des taux d'imposition par la suppression de certaines niches, les moins efficientes ou les plus génératrices d'inéquité (dont le produit peut être estimé à plus de 8 milliards d'euros) ;

— vers une plus grande stabilité, en incitant l'État à s'engager dans le cadre d'une plateforme fiscale à figer les règles d'imposition dans la durée.

• Augmenter la fiscalité effective des hauts revenus pendant la période d'assainissement.

Sur la réforme de l'État

- Rétablir l'équilibre budgétaire et avec un objectif de réduction des déficits de 60 milliards d'euros. Pour cela, réduire les dépenses (limitation du rythme des dépenses de santé, désengagement de l'État de politiques inefficaces, concentration des moyens, poursuite de la décentralisation…) et redéployer les recettes.

- Poursuivre la révision générale des politiques publiques pour les trois fonctions publiques : lancement d'une RGPP 2.0 avec pour objectif d'alléger le « mille-feuille administratif », de rentabiliser chaque euro investi, de clarifier les compétences… Cette réforme devra s'inscrire dans une démarche hautement pédagogique et être assortie d'objectifs chiffrés.

- Instaurer effectivement la « règle du 1 pour 2 » (1 texte créé, 2 textes supprimés), clarification des compétences des différents services de l'État…

- Simplifier les démarches administratives des TPE et des PME : limitation du nombre et de la fréquence des déclarations administratives, création d'un dossier unique d'entreprise.

- Créer un ministère des Services de plein exercice.

Sur le développement des PME/ETI

- Initier un *Small Business Act* pour faciliter la création et le développement des PME, moteurs de la croissance :

- créer une Agence nationale des PME dotée d'un guichet unique pour simplifier les formalités administratives et améliorer la circulation de l'information ;

- favoriser le financement des PME *via* des « fonds patients », des fonds de garantie et le renforcement des missions d'Oséo et de la Coface ;

- garantir aux petites et moyennes entreprises un seuil d'ouverture aux marchés publics.

- Lancer un *Medium Business Act* à la française pour encourager la création de mille ETI en cinq ans, en instaurant un environnement réglementaire propice favorisant le capitalisme familial : transmission, ouverture du capital, développement à l'international…

- En concertation avec les pays européens, et plus largement avec les grandes puissances économiques, établir une nouvelle réglementation bancaire, séparant clairement les établissements chargés du financement traditionnel des entreprises de ceux habilités à prendre des risques de grande ampleur.

- Encourager au profit des PME des dispositifs tels que le crédit impôt recherche.

Pour les hommes et la connaissance

Sur l'éducation

- Instaurer un plan Marshall de l'éducation fondé pour l'essentiel sur :

- la « réingénierie » des programmes : retour aux fondamentaux ;

- la formation et la réévaluation du statut des enseignants ;

- la lutte déterminée contre l'échec scolaire et l'illettrisme.

- Renforcer le rôle de l'entreprise dans le pilotage et la responsabilité des filières d'apprentissage :

- simplifier les recrutements, alléger les charges et adapter les rythmes d'enseignement théorique aux besoins concrets des entreprises ;

- rendre l'apprentissage obligatoire pour tout jeune quittant prématurément le cycle scolaire.

• Ouvrir les frontières entre l'école et le monde du travail via notamment des stages d'immersion en entreprise et des interventions de managers dans les classes…

• Poursuivre en l'amplifiant le processus d'autonomisation des universités et encourager leur rapprochement avec les entreprises.

• Créer un observatoire tripartite État/entreprises/ enseignants pour une meilleure orientation des filières par rapport aux débouchés professionnels.

Sur la formation

• Impliquer les employeurs en confiant aux branches professionnelles la responsabilité de la formation continue. Leur participation à la conception des programmes favorisera l'employabilité des personnes formées et contribuera à la mise en place d'une « formation continue préventive ».

• Décupler l'efficacité du système par le redéploiement d'une partie des fonds alloués aux OPCA et un engagement similaire des entreprises (3 milliards d'euros).

• Privilégier les formations en entreprises, notamment en cas d'embauche et de reconversion.

Sur la R&D et l'innovation

- Agir pour amplifier le financement de la R&D et de l'innovation avec pour objectif d'atteindre un niveau de R&D égal à 3 % du PIB ; le financement privé, d'une part, et le financement public, d'autre part, en développant le crédit impôt recherche et en prenant le relais des mécanismes mis en place par le grand emprunt.

- Stabiliser le dispositif du CIR jusqu'en 2013 (selon la conclusion du rapport de l'IGF sorti fin août 2011).

- Concevoir et mettre en place une stratégie de développement, pour coordonner et optimiser les financements de la R&D au sein des pôles de compétitivité.

Sur le dialogue social

- Donner priorité aux accords de branche dans les négociations professionnelles.

- Élargir le tableau de bord sociétal pour mesurer les progrès réalisés en termes de taux de participation au sein des organisations syndicales, accords d'intéressement, niveau de l'actionnariat salarié, parité, diversité…

Sur les infrastructures

- Investir massivement sur le numérique, dans les PME comme dans la fonction publique et l'éducation, afin de combler notre retard : systèmes d'information, infrastructures haut débit, NTIC, e-administration…

La part des entreprises

Comment ne pas conclure cet ouvrage sur la responsabilité spécifique des entreprises, peut-être trop longtemps sujettes aux seuls intérêts de leurs actionnaires ? La compétitivité est en effet devenue la clef de leur stratégie, voire de leur survie. Cette logique pourrait se résumer en un axiome simple : évoluer ou mourir. Mais dans le même temps, la crise a allumé des projecteurs sur l'importance de leur empreinte sociale. Au fil d'une tribune parue en septembre 2009 dans *Le Figaro*, un groupe de grands dirigeants d'entreprises français s'interrogeait ainsi :

> *« Qui peut prétendre aujourd'hui que le PL (compte de résultats) ou le ROE (rentabilité des fonds propres) peuvent à eux seuls résumer l'entreprise ? Au plan microéconomique, le progrès mérite d'être redéfini, pour pouvoir intégrer tout ce que l'entreprise fait de son écosystème : employabilité des salariés, développement durable, diversité… »*

Et d'ajouter quelques lignes plus loin :

> *« Nous pensons au contraire qu'intégrer ces exigences sociales au cœur de nos modèles peut en soi être une source de création de valeur… Il est urgent de repenser l'entreprise comme l'un des moteurs du progrès social. C'est refonder les bases d'une performance qui remet l'homme au cœur du système de production, une production de valeur plus contributive pour la société tout entière. »*

Ces conditions sont essentielles. Un nouveau pacte entre l'entreprise et la nation n'est en effet pas envisageable s'il n'est précédé d'une sorte d'*aggiornamento* des entrepreneurs et surtout des actionnaires. Ceux-ci devront démontrer leur capacité à dégager une performance de long terme y compris sur le terrain social et environnemental et à ne plus se limiter à des considérations purement financières, dans une logique de maximisation du profit à court terme. C'est-à-dire à forger le socle d'une croissance durable et équilibrée, d'une croissance inclusive qui intègre mieux l'ensemble des parties prenantes à la création de valeur, d'une croissance qualitative plus orientée vers ses dimensions hors coût. Ce qui implique de (re)trouver des valeurs fortes d'exemplarité et d'innovation…

Par où commencer ? Cela passe par le basculement vers un mode d'authentique responsabilité sociétale et une communication ouverte. Petites comme grandes, les entreprises doivent désormais assumer individuellement et collectivement leur fonction sociale – au sens d'Émile Durkheim. Le développement de cette nouvelle culture entrepreneuriale repose sur trois piliers fondamentaux : la compréhension, la confiance (encore et toujours !) et la citoyenneté.

D'abord, se faire comprendre. La vie en entreprise, le goût d'entreprendre – et son corollaire, l'acceptation du risque – doivent s'enseigner dès l'école, ce qui suppose la révision de certains programmes, la formation des professeurs et un accroissement significatif des échanges entre les établissements et les organisations (interventions de professionnels, stages…). Dans les universités et les écoles qui préparent nos cadres et nos ingénieurs, la culture de l'entrepreneuriat mériterait une place à part entière, opportunément enrichie par la multiplication de stages en entreprises.

Ensuite, restaurer la confiance. L'enseignement des techniques de management doit s'inviter massivement dans les programmes de formation initiale. Au sein des entreprises également, car les pratiques managériales nécessitent d'être réformées en profondeur sans attendre l'arrivée aux affaires d'une nouvelle génération de dirigeants. Le malaise qui mine la confiance des salariés – et des Français en général – en leurs entreprises doit en effet être combattu sans délai. Expliquer les décisions, responsabiliser à tous les niveaux de la hiérarchie, prendre en compte les préconisations de chacun… Il s'agit bien de s'attaquer à une refonte du management. Mais cela ne suffira pas. D'autres signaux forts doivent être lancés en direction des salariés et du grand public. Citons le développement de l'actionnariat salarial ou encore la réforme des conseils d'administration. Cette dernière passe par une parfaite transparence, une féminisation de leur composition et la professionnalisation des administrateurs.

La construction d'une entreprise citoyenne constitue la troisième pierre angulaire du système. Cette responsabilité occupe désormais les devants de la scène internationale. Comme si les entreprises avaient négligé ce rôle depuis plusieurs décennies. La Commission européenne définit cette responsabilité sociale des entreprises ou RSE comme « un concept dans lequel les entreprises intègrent les préoccupations sociales, environnementales, et économiques dans leurs activités et dans leurs interactions avec leurs parties prenantes sur une base volontaire ». Définition qui pose clairement la question du rôle et des devoirs de l'entreprise et qui embrasse de multiples aspects : gouvernance, environnement, éthique, diversité, inclusion, dialogue… Elle engage également les organisations à former leurs salariés, à assurer leur santé et leur sécurité et à instaurer un dialogue social responsable. Ce faisant, elle élargit la notion même de performance : la rentabilité ne doit plus être considérée comme l'unique finalité des entreprises. Elles doivent s'obliger à évaluer leurs décisions à l'aune de ces nouvelles exigences. En d'autres termes, trouver le chemin d'une création de valeur durable, et donc d'une nouvelle compétitivité pour elles et pour le pays.

Car, ne l'oublions pas, ce pacte entre le pays et l'entreprise – loin d'être l'ennemi de notre modèle social – s'impose comme la condition absolue de sa survie. Le conseil peut y contribuer.

Oui, ce nouveau pacte entre la France et l'entreprise est possible, si toutes ces conditions sont réunies. Ce pacte doit être ambitieux et reposer sur des liens de confiance nouveaux. Confiance entre les patrons, les salariés, les syndicats. Confiance entre l'Etat et les citoyens. Confiance entre les responsables politiques eux-mêmes sur la base d'un socle commun de réformes non négociables. Confiance, enfin - et c'est peut-être le plus important - entre les générations actuelles et futures. Car ce pacte de compétitivité sera déterminant pour la France de demain, celle que nous léguerons à nos enfants.

Annexes

Efficacité de l'État et des institutions publiques –
Éléments d'analyse

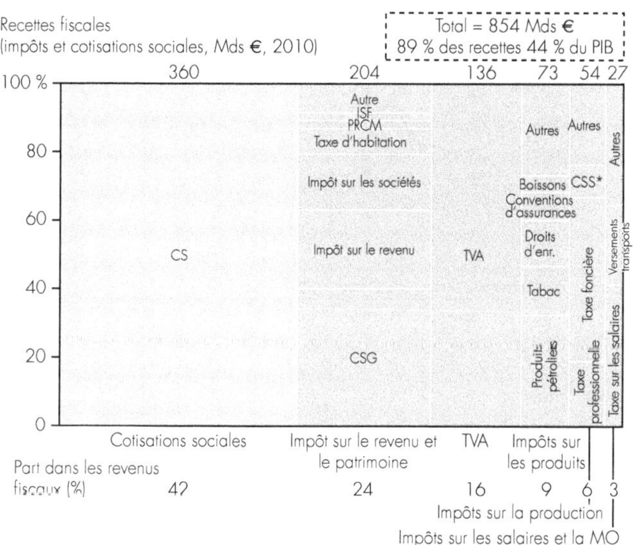

Source : Insee.

Efficacité de l'État et des institutions publiques – Éléments d'analyse

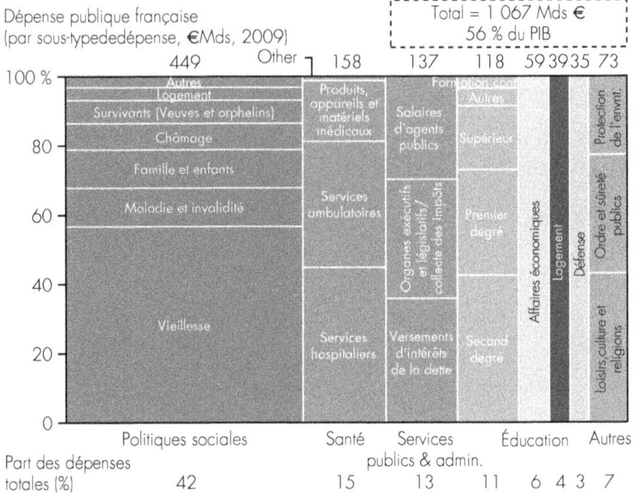

Source : Insee.

Note : la CSS est la contribution de solidarité des sociétés ; PRCM : prélèvements sur capitaux mobiliers.

À propos de Syntec
conseil en management

SYNTEC conseil en management est l'organisation professionnelle représentative des sociétés de conseil en stratégie et management en France.

Ses quatre-vingt-cinq adhérents totalisent plus de 50 % du marché des sociétés de conseil de plus de cinq consultants estimé, en 2010, à près de 4 milliards d'euros, et leurs consultants sont en contact quotidien avec les entreprises.

Diverses par leur taille (de plus de cinq consultants à plusieurs milliers), ces sociétés adhérentes, riches de leur diversité d'approche, ont pour clients la quasi-totalité des entreprises du CAC 40 et du SBF 120, des organismes publics et des PME ayant choisi de se faire accompagner pour accélérer leur développement ou dénouer des situations critiques.

Elles partagent une même vocation :

- accroître la compétitivité des entreprises, renforcer leur valeur et celle de leurs équipes ;
- constituer un creuset d'innovation et de transfert de compétences ;
- prévenir les risques et accompagner les transformations quelles que soient la taille des projets et la nature des changements envisagés.

Elles partagent également la même passion, faite d'exigence intellectuelle et de pragmatisme, de rigueur dans l'analyse, d'énergie dans l'action et une même envie très forte de voir ses clients progresser.

Syndicat professionnel, *SYNTEC conseil en management* a pour vocation de :

- promouvoir et contribuer à développer la profession de consultant en stratégie et management ;

- favoriser l'innovation dans le conseil, et plus largement l'innovation managériale ;

- produire des études et fournir des points de repère sur le marché du conseil ;

- appuyer les sociétés sur des aspects juridiques et administratifs de leur vie quotidienne ;

- préparer et contribuer au dialogue social dans la branche d'activité à laquelle il appartient.

Le syndicat fait partie de la Fédération SYNTEC qui regroupe les « métiers du savoir, de la connaissance et de l'innovation » (ingénierie, informatique, études et conseil, formation professionnelle), et qui représente un chiffre d'affaires cumulé de près de 70 milliards d'euros.

Les sites web édités par Syntec conseil en management

www.syntec-management.com
www.web-tv-management.com

Les adhérents de Syntec conseil en management

A2 Consulting, Accenture, Adrien Stratégie, Advese, Adylis Conseil, Aedian, Akeance Consulting, Alenium Consultants, Algoe, Alma Consulting Group, Altedia, Altime Associates, Alturia, Aon Hewitt, Archon Group, Aviso Conseil, Bain & Company, BearingPoint, Beijaflore Stratégie et Business, Bernard Brunhes Consultants, Bernard Julhiet Consulting, BPI, Bureau Van Dijk, Calia Conseil, Capgemini Consulting, Cegos, CGI, Colombus Consulting, Conseils Plus, CSC, Deloitte Consulting, DMHE, Entreprise & Personnel, Ernst & Young Advisory, Eurogroup Consulting, Futurskill, GFI Consulting, Hommes & Performance, ICM, IEN, IDRH, IFAS, IMCA, Inter Actions Consultants, Kea & Partners, Kurt Salmon, Logica Business Consulting, LowendalMasaï, Magellis Consultants, Mars&Co, Meotec, Merlane Groupe, MGA Conseil, ML&A Conseil, Obifive, Optance Management, Orange Consulting, OTC Conseil, PMP, PricewaterhouseCoopers Advisory, Proconseil, PRTM Management Consultants, Recif, Right Management, Rivière Consulting, SDE Consulting, Secafi CTS, Setec Organisation, SHL, Sinequa Risk & Management, Sociovision, Solucom, Solving Efeso, Sopra Consulting, Sterwen Consulting, SVP, Talisker Consulting, Vinci Consulting, Weave management.

Imprimé en Allemagne par BoD

N° d'éditeur : 4383
Dépôt légal : novembre 2011